사회생활과 인간관계

구 현 서 저

형지사

머리말

우리네 삶은, 많고 많은 사람들과의 연결고리, 바로 그 안에서 유기적으로 맞물려 돌아간다. 여러분들이 너무나 잘 알고 있듯이, 인간은 어차피 혼자 살아갈 수 없는 사회적 동물이기 때문이다.

그간 인간관계론을 강의해 오면서 사회 속의 한 조직, 그 구성원으로서 일처리를 함에 있어서 가장 어렵고도 중요한 상하관계 및 동료간의 사방면을 이루고 있는 인간관계를 어떻게 잘 형성하여 원활한 사회생활을 할 수 있도록 교육할 수 있을지에 대해 고심 끝에 새로운 구성을 하게 되었다.

여러 관계 속에서 나와 타인을 알아가고 또, 그 안에서 일어나는 수만 가지의 상황들에 대처할 수 있는 능력을 기를 수 있는 길을 제시하여, 사회 속의 '나'는 결코 혼자가 아니며, 상대에게 영향력 있는 존재라는 것을 인식할 줄 알아야 한다.

이 책에서는 인적 인프라 구축을 통한 성공적인 사회생활을 할 수 있도록 조직에서의 현장감을 익힐 수 있는 구성이 되도록 엮었으며 이해를 충분히 돕고자 하였다.

본서의 구성은 아래와 같다.

제1장 : 인간관계의 기본개념 및 중요성

제2장 : 의사소통(Communication)의 중요성

제3장 : 인간관계와 시간관리

제4장 : 집단 속에서의 인간관계

제5장 : 조직에서의 인간관계

제6장 : 직장부적응

제 7 장 : 상사와 부하간의 인간관계

제 8 장 : 스트레스에 대한 이해

제 9 장 : 패러다임(Paradigm) 변화에 따른 인간관계

제10장 : 21세기 자기관리를 위한 전략

이 책을 통하여 학생들이 향후 사회생활에 임하는 데 있어 훌륭한 조직의 한 일원으로서 마음가짐을 다잡고, 주어진 역할에 충실히 임할 수 있는 계기가 되었으면 한다.

저자 구현서

차 례

제 1 장

인간관계의 기본개념 및 중요성

제1절 인간관계의 기본개념

자기가 속한 주위의 관계된 사람들에 대하여 관심을 갖는 것과 상대에 대한 긍정적이고 진솔한 생각이 인간관계(human relations)의 기본적인 출발이라 할 수 있다. 그렇다면 왜 그래야 하는가는 생각할 때, 그 이유는 궁극적으로 자신에게 심리적 안정과 삶에 대한 의미가 부여되기 때문이다.

이러한 기본적인 인간관계를 바탕으로 직장, 즉 조직생활에서 벗어날 수 없는 우리는 기업에 있어 생산적으로, 경제적, 심리적, 사회적 만족을 가지고 일할 수 있도록 동기를 주는 것이라 하겠다. 즉, 기업에 있어 인간관계는 "다른 사람들과 더불어 또는 다른 사람을 통해서 사람들을 생산적으로 만드는 것, 상호 관심을 통해 협력하는 것, 그들의 관계를 통해 만족을 얻게 하는 것"이라 정의할 수 있을 것이다.

그런데 이러한 조직에서의 인간관계는 과거와는 달리 조직과 개인의 목표의 조화가 중요하다. 과거에는 각 분야에서 일방적인 개인의 희생이 요구되었으나 오늘날에는 개인 목표의 희생을 요구하는 기여(Contribution)와 조직의 목표에 기여한 대가로 월급 외의 혜택(승진, 자아발전기회 제공) 등의 유인(Inducement)의 조화가 중요하다.

오늘날 우리는 조직에서 사방관계(Four-reach Relationship)의 테두리에서 긍정적, 부정적, 혹은 고원적 인간관계를 유지하고 있다.

그러나 이러한 인간관계의 구조가 변화가 있는 것도 사실이다.

대표적인 것이 위계구조의 변화, 즉 수직사회에서 수평사회로, 면대면 관계에서 시간과 공간을 초월한 인터넷을 통한 다면관계로 이미 큰 변화를 보이고 있다.

제 2 절 조직에서의 인간관계

앞으로의 조직생활 내에서의 인간관계에서 가장 중요한 것은 상대를 이해하도록 항상 노력하라는 것이다. 다른 사람과 잘 지내기 위해서는 그 만큼의 시간, 노력, 희생이 뒤따른다는 자명한 사실을 깨달아야 한다. 다음은 이에 대한 몇 가지 지침을 정리하였다.

① 상대에 대해 기대가 크면 자신이 먼저 상대에게 잘해 주어

야 한다.

② 사람을 있는 그대로 생각, 판단한다.

③ 자기와 같은 자는 이 세상에 존재를 안 한다. 그러므로, 상대를 이해하는 노력이 없으면 안 된다.

④ 인간은 누구에게나 양면성이 있다는 것을 명심해야 한다.

⑤ 인간은 누구나 실수를 한다. 죄는 의도성을 가지고 있고 실수는 인간의 연약성 때문에 발생한다. 실수를 죄인시해서는 안 된다.

⑥ 비판에 대해 긍정적인 자세를 갖는다. 자신의 잘못을 분석하고 개선되는 계기가 된다.

1. 인간관계기술의 중요성

(1) 인간권리의 신장(human rights)

오늘날 경영자나 종업원 모두 인간권리에 대한 인식이 과거에 비해 보다 높아졌다. 이러한 인간권리에 대한 인식의 증대는 종업원관리에서나 종업원 상호간에 보다 더 정교하고 기술적인 고도의 인간관계기술을 요구하게 되었다.

(2) 시장의 세계화

세계화 시대에 많은 다국적 기업들이 출현하며 동시에 외국시장에 직접투자나 합작투자로 진출하게 된다. 이 경우에 현지화에 따른 현지인들과의 인간관계가 기업의 성공에 가장 중요한 요소가 되기 때문에 보다 기술적인 인간관계전략이 필요하게 된다.

(3) 작업집단의 중요성 증대

현대조직은 팀웍이나 의사결정에 구성원의 참여를 중요시하고 있다. 따라서 집단역학이나 집단에서의 인간관계의 중요성이 증대하고 있다.

(4) 인력구성의 다양성

오늘날 작업장의 인력구성은 대단히 다양해지고 있다. 여성의 사회진출로 여성근로자가 증가하고 있으며 외국인 근로자까지 유입되고 있어 인력구성의 다양성이 증대하고 있는 한편, 고용형태의 다양성도 증대되어 정규직 외에 비정규직(계약직, 파견직, 임시직) 등 여러 형태의 서로 다른 신분의 종업원이 같이 일하고 있어 보다 기술적인 인간관계가 요구된다고 할 수 있다.

2. 인간관계의 목표

(1) 개인적인 발전과 성장
(2) 조직의 목표달성

3. 인간관계의 목표달성을 위한 주요분야

(1) 자아인식과 자기노출(self-awareness and self-disclosure)
(2) 태도
(3) 의사소통능력(communication skill)
(4) 갈등관리(conflict management)
(5) 자존감(self-esteem)

(6) 동기부여(motivation)

(7) 남녀의 인간관계

제 3 절 자아인식과 자기 노출

1. 자아인식의 개념

자아인식(self awareness)이란 자기자신을 있는 그대로 진실된 모습으로 볼 수 있는 능력을 말한다. 즉 자신의 자아인식이 실재의 자신의 모습이나, 다른 사람들이 자신을 보는 모습과 큰 차이가 없을 때 자아인식 능력이 있다고 말할 수 있다. 즉 자아인식이란 다른 말로 표현한다면 거울에 비쳐진 자신의 모습이라고 말할 수 있다.

2. 자기노출

(1) 자기노출의 정의

자기노출(self disclosure)이란 내 자신의 생각, 희망, 그리고 느낌이나 감정을 사실 그대로 다른 사람들이 알도록 하는 것이다. 자기노출은 나의 주변에 있는 사람들에게 나를 사실대로 알리는 것만이 아니라 내 자신이 나를 정확히 알게 하는데도 도움을 준다. 작업현장에서 우리는 다른 사람들과 더불어 일하고 있다. 우리가 열린 마음과 정직한 태도로 자신을 노출한다면 인간관계는 대단히 개선될 것이다.

(2) 자기노출 실패의 결과

① 다른 사람과의 관계상실 : 당신이 자기노출을 하지 않으면 당신은 당신만의 고립된 틀 속에서 다른 사람들과의 관계가 상실된다.

② 개인성장의 정체 : 정보의 차단으로 성장의 기회가 제한되고 동시에 성장속도가 정체된다.

③ 시간과 에너지의 낭비 : 당신의 참모습을 보여주지 않고 가식적인 당신의 모습을 지속적으로 보이기 위해서는 불필요한 많은 시간과 에너지의 낭비뿐만 아니라, 항상 그 가식이 탄로날 것에 대한 두려움에 빠지게 된다.

④ 자신의 정체성(identity) 상실 : 우리 자신의 정체성과 자아인식은 다른 사람과의 접촉을 통해서 분명해짐을 볼 때 자기노출의 거부는 자신의 정체성과 자아인식 능력을 상실하게 된다.

(3) 자기노출시 주의사항

과도한 노출은 보는 사람을 불편하게 함과 동시에 당황하게 한다. 따라서 적당한 노출인가 아니면 과도한 노출인가를 판단하는 시점이 중요하다.

3. 태 도

(1) 태도의 정의

태도란 나 자신과 다른 사람에 대해서 내가 가지는 신념과 감정의 결과이다. 내 자신의 태도가 어떠한가에 의해서 인간관계가 좋아지기도 하고 동시에 인간관계를 악화시키기도 한다. 이 태도는 자신의 자존감과 밀접한 관계를 가지고 있다.

(2) 무엇이 좋은 태도를 만드는가?

① 건전한 자존감 : 건전하고 강한 자존감을 가지고 있는 사람이 긍정적인 태도를 보인다.

② 낙천주의 : 낙천적인 사람이 긍정적인 태도를 가진다.

③ 외향적인 성격 : 외향적인 성격의 사람이 그렇지 않은 사람에 비해서 긍정적인 태도를 가질 수 있다.

④ 개인적인 통제능력 : 자기 스스로 자신을 통제할 수 있는 사람이 긍정적인 태도를 가진다.

(3) 긍정적인 태도 만들기

① 가능한 한 긍정적으로 사고하라.

사람을 볼 때 그 사람의 장점을 보려고 애써라. 문제점에 부딪치면 불평을 하기보다는 해답을 찾으려고 노력하라.

② 다른 사람의 부정적인 태도의 함정에 빠지지 말라.

다른 사람의 부정적인 태도를 당신이 변화시키기는 어렵다. 그러나 그의 부정적인 태도에 당신이 영향을 받을 수 있다. 따라서 어떤 사람이 당신을 부정적인 태도의 틀 속으로 끌어들이려고 할 때 당신은 '이 사람은 이것이 문제이군, 그러나 이것은 나의 문제는 아니야'라고 생각하고 그 틀 속에 빠지지 않아야 한다는 것이다.

③ 당신 자신과 다른 사람들 그리고 당신의 조직에서 좋은 점을 찾도록 노력하라.

당신 자신이나 다른 사람들 그리고 당신의 조직에도 많은 부정적인 요소들이 있을 수 있다. 그러나 당신은 그러한 부정적인 요소보다는 긍정적인 요소를 보도록 힘써라.

④ 당신 주위의 다른 사람들이나 환경에 끌려다니지 말 것.

대부분 자존감이 낮은 사람들은 주변사람들의 조종에 쉽게 따라가게 되고 이것은 긍정적인 태도에 부정적인 영향을 미치게 된다.

⑤ 목표지향적으로 될 것.

항상 목표를 세우고 시간의 일정까지 세워둘 것. 일단 목표가 달성되면 또 다른 목표를 세우고 다시 그 목표달성을 위해서 노력할 것.

(4) X이론과 Y이론

심리학자인 맥그리거(D. McGregor)는 부하 종업원을 대하는 관리자의 상반된 두 가지의 유형으로서 X이론과 Y이론을 다음과 같이 설명하고 있다.

1) X이론

① 대부분의 사람들은 일하기를 좋아하지 않으며 일하면서 즐기려 하지 않는다. 또한 대부분의 사람들은 가능하면 일을 피하려고 한다.

② 일에 대한 이러한 기피현상 때문에 대부분의 사람들은 일을 하도록 하기 위해서는 처벌이 수반되는 지시나 협박이 필요하다.

③ 대부분의 사람들은 지시받기를 좋아하고 책임 맡기를 회피하며, 안정을 가장 선호한다.

2) Y이론

① 작업에 있어서 육체적·정신적 노력은 놀거나 쉬는 것과 같이 자연스러운 것이다. 작업의 조건과 환경에 따라서 작업은 만족의 원천이 되기도 하고 동시에 좌절의 원천이 되기도 하며 그 선택은 종종 관리자가 할 수 있는 것이다.

② 통제나 위협적인 처벌은 종업원을 생산적으로 만드는 유일한 방법은 아니다. 만일 종업원들이 목표에 몰입된다면 그들은 목표를 달성하기 위한 자기통제를 활용하면서 스스로 자기지시를 할 수 있다.

③ 조직의 목표는 종업원들을 처벌함으로써만이 아니라 오히려 종업원들을 보상함으로써 달성될 수 있다. 즉 자아만족이나 칭찬이나 인정 등의 보상을 활용할 수 있다.

④ 대부분의 사람들은 책임을 수용하고 더 나아가 새로운 책임을 추구하는 것을 배울 수 있다.

⑤ 많은 사람들은 창조적이고 상상력이 풍부하다.

⑥ 현대적인 조직여건 아래서 보통의 사람들의 능력은 미활용된 부분이 많다.

제 4 절 의사소통

1. 좋은 경청자가 되는 방법

자신의 경청 습관을 발전시키려면 다음에 제안하고 있는 사항들을 명심할 필요가 있다.

(1) 상대가 하고 있는 말에 정신을 집중하라

단어를 귀기울여 듣고 행간의 의미를 새겨라. 당신에게 답을 생각할 만한 시간이 조금은 주어질 것이다. 그러므로 지금 당장은 당신이 듣고 있는 말에 귀를 기울여라.

(2) 말하고 있는 상대와 눈을 맞춰라

다른 누군가의 눈 속을 똑바로 들여다보려면 말하고 있는 상대에게 얼마간 주의를 주고 있어야 가능하다. 이는 그 사람이 누구이며 무슨 말을 하고 있는지 제대로 이해하도록 해준다. 입을 쳐다보는 것도 때로는 상대가 말하고 있는 의미의 이해 정도를 높여줄 수 있다.

자주 겪는 일이지만, 당신과 눈을 맞추려 하지 않는 사람들이 있을 것이다. 그럴 경우, 5초에서 10초 정도 다른 곳에 시선을 두었다가 다시 눈을 되돌려 상대를 힐끗보면, 상대도 아마 그렇게 볼 것이다.

타인의 말을 경청할 때, 주변을 둘러본다거나 시선이 위나 아래로 향해 있으면, 관심이 없다거나 감정이 격해 있다거나 혹은 자신감이 없다는 뜻이므로 주의를 요한다. 대신 다른 한 곳에 시선을 고정시켜라. 이는 상대에게 개인적인 공간을 되돌려주고 당신에게 다시 돌아올 수 있도록 배려하라는 방법이다. 하지만 꼭 응시하겠다는 생각은 버려라. 말하는 상대의 영역을 침해하여 문제를 늘릴 수 있기 때문이다.

(3) 입을 다물고 대신 숨을 쉬어라

방해하지 말라. 똑 부러지게 설명하고 있는데 중간에 끼어들지 말라. 상대를 대신해서 문장을 끝맺지 말라. 그들이 말할 차례다. 번쩍 빛을 발하며 딱 떨어지는 생각이 머리 속을 스치고 지나가는데 당신 차례가 돌아오기 전에 잊어버릴까 걱정스럽다면, 당신 차례가 됐을 때 참조할 수 있도록 중심 단어 한두 개 정도를 적어 놓으라.

(4) 구두로 피드백을 많이 해주어라

당신이 적극적으로 듣고 있었다고 해도, 들은(혹은 해석한) 말이 상대가 한 말과 다를 수 있다. 그러므로 피드백은 말하는 상대에게 당신이 들은 내용을 제대로 이해하고 있음을 전해 주는 한편, 듣고 있는 내용이 말한 내용과 실제로 일치하고 있음을 확인할 때에도 도움이 될 것이다.

2. 갈 등

(1) 갈등의 유형

① 내적인 갈등(inner conflict) : 이는 개인 내부의 갈등으로 다음과 같이 세분된다.

㉮ 좌절(frustration)

㉯ 목표갈등(goal conflict)

㉰ 역할갈등(role)

② 대인갈등(person against person conflict\interpersonal conflict)

③ 집단내부 갈등(intragroup conflict) : 집단내부에 두 사람의 리더가 출현하는 경우에 집단내부갈등이 생겨난다. 두 사람의 리더가 파워게임을 벌려 승패가 갈라지면 집단내부의 갈등은 사라진다.

④ 집단간 갈등(intergroup conflict) : 집단과 집단 사이의 갈등을 말한다.

⑤ 개인과 집단간의 갈등(person versus group conflict) : 이는 집단의 구성원 중 하나가 집단의 규범을 지키지 않는 경우에 발생한다.

⑥ 구조적 갈등(structural conflict)

㉮ 계층적 갈등

㉯ 기능적 갈등

㉰ 라인 · 스탭갈등

㉱ 공식 · 비공식 조직갈등

(2) 갈등해결의 방법

1) 승-패 전략(Win-Lose)

이는 갈등 당사자 자신의 모든 에너지와 시간 그리고 노력을 자신의 의견을 관철시키는데 쏟아붓는 전략으로서 예를 든다면 민주적인 절차에 의한 투표, 제3자에 의한 판단 등을 들 수 있다. 이 전략은 갈등의 양당사자가 공정한 게임 룰을 준수할 때 가능하다.

2) 패-패 전략(Lose-Lose)

이 전략의 가장 대표적인 방법이 타협이다. 즉 갈등 양당사자는 문제의 본질을 비켜나 서로 어느 정도의 양보를 통하여 절충점을 찾아가는 방법이다.

3) 승-승 전략(Win-Win)

이 전략은 갈등 당사자가 갈등의 본질을 정확히 파악하고 갈등의 원인을 찾아내어 여기에 대한 대안모색에 서로의 시간과 에너지 그리고 노력을 집중하는 전략을 말한다.

(3) 승-승 전략의 방법

① 갈등 당사자 각자의 감정을 통제할 것

② 갈등 당사자가 동의하는 기본적인 룰을 정할 것

예를 들면 :

㉮ 상대방이 발언할 때는 방해하지 않고 주의깊게 경청한다.

㉯ 상대방이 나의 입장에 동의하지 않을 때도 화내지 않는다.

㉰ 당신이 존중받고 싶은 만큼 상대방도 존중해 준다. 등등

③ 갈등 당사자 모두의 입장을 분명히 할 것

④ 갈등 상대방이 왜 그 입장을 취하게 되었는가를 다각적으로 분석한다.

⑤ 대안의 개발

갈등해소에 도움이 될 있는 많은 대안을 개발해 본다. 이 경우에는 질보다 양에 더 비중을 둔다.

⑥ 많은 대안 가운데 최종적으로 승-승이라고 생각되는 대안을 모색해 본다.

3. 자존감 수준

자존감이란 내 자신이 능력있고 가치있는 사람이라고 믿는 정도를 의미한다. 이 자존감은 인간관계의 기본변수로 작용한다.

자존감이 높다는 것은 그만큼 대인관계가 원만하다는 것을 의미한다. 다음은 자신의 자존감 체크를 위한 참조사항들이다.

① 나는 대부분의 사람들과 원만하게 잘 지낸다.

② 나는 긍정적으로 변화하고 있고 또 발전하고 있다.

③ 나는 좋은 친구들이 있다.

④ 나는 육체적으로 건강하다.

⑤ 나는 나의 신체적인 외모에 만족한다.

⑥ 나는 어려운 대인관계 문제를 잘 해결한다.

⑦ 나는 다른 사람의 의견을 잘 경청한다.

⑧ 내가 중요하게 생각하는 사람들은 내가 말하는 것을 경청해 준다.

⑨ 나는 의사결정을 잘 한다.

⑩ 나의 인생은 지금까지 행복하였다.

⑪ 나의 성생활은 좋다.

⑫ 나는 유머가 있다.

⑬ 나는 나의 일을 즐긴다.

⑭ 나는 대부분의 시간동안 행복하다.

⑮ 나는 나의 인생에서 이루어야 할 중요한 목표들이 있다.

⑯ 나는 나의 인생에서 이미 많은 것을 이루었다.

⑰ 나는 동기부여가 잘 되어 있다.

⑱ 내가 내 인생을 마감할 때는 이루지 못한 일이 거의 없을 것이다.

⑲ 나는 내 자신의 운명을 통제할 수 있다.

⑳ 나는 다른 사람들의 말을 경청하지만, 내 스스로 의사를 결정할 수 있다.

㉑ 나는 어떤 이슈에 대해서 내가 어떻게 생각하고 있는가를 다른 사람들이 알게 한다.

㉒ 매일 매일의 경험은 내가 다른 사람들과 교류하는 가치있는 시간들이다.

㉓ 사람들은 나를 친구로서 찾는다.

㉔ 사람들은 나의 의견을 구한다.

㉕ 나는 나의 집과 주변이 좋다.

㉖ 나는 다른 어떤 사람이 되었으면 하고 바라지 않는다.

㉗ 나는 새로운 사람을 만나는 것이 편안하다.

㉘ 나는 이제까지 하던 일과는 다른 어떤 일을 하는 것이 좋다.

㉙ 나는 스트레스를 잘 처리한다.

㉚ 나는 내가 변화시킬 수 없는 것에 대해서는 걱정하지 않

는다.

㉛ 나는 정리되고 규칙적인 사람이다.

㉜ 나는 집요하고 쉽게 포기하지 않는다.

㉝ 나는 나에 대한 다른 사람의 견해에 대해서 지나치게 민감하지 않다.

㉞ 나는 모든 문화의 사람들과 잘 연결을 맺고 있다.

㉟ 나는 유연하다.

㊱ 나는 장미를 보면 멈추어 서서 향기를 맡는다.

㊲ 나는 내 자신을 절제할 수 있다(예를 들면, 나는 과식, 과음, 지나친 흡연을 하지 않는다).

㊳ 나는 친절한 사람이다.

㊴ 나는 나에 대한 농담에 웃음으로 대할 수 있다.

㊵ 이성들은 나에게 매력이 있음을 발견한다.

4. 개방자 수준

아울러, 좋은 인간관계의 유지를 위해서는 나의 개방적 수준이 어느 정도인가를 알아볼 필요가 있다. 다음은 관련 체크 사항들이다.

① 사람들은 종종 나에게 와서 자신들의 이야기를 말한다.

② 사람들은 내가 좋은 경청자라고 말한다.

③ 나는 사람들을 대할 때 매우 수용적이다.

④ 사람들은 자신들의 비밀을 내가 지켜줄 것이라고 생각한다.

⑤ 나는 다른 사람들과 말할 때 그들 자신을 개방하도록 만들 수 있다.

⑥ 사람들은 나와 함께 있을 때 편안함을 느낀다.
⑦ 나는 사람들의 이야기를 듣는 것이 즐겁다.
⑧ 나는 사람들의 문제에 대해서 관심을 가지고 또한 동정적이다.
⑨ 나는 사람들이 자신의 감정을 나에게 터놓고 말하도록 분위기를 맞추어 주고 또 격려한다.
⑩ 나는 사람들이 자신의 이야기를 나에게 말할 때 간섭하지 않고 말이 끝날 때까지 참아준다.

5. 동기부여(Motivation)

(1) 동기부여의 정의

일반적으로 동기부여(motivation)란 움직인다는 뜻을 가진 라틴어 모베레(Movere)에서 나온 말로 동기유발, 동기부여, 혹은 동기화라고도 하는데, "개인이나 집단이 자발적 내지 적극적으로 책임을 지고 일을 하고자 하는 의욕이 생기게끔 그 행동의 방향과 정도에 영향을 행사하는 것으로 조직의 목표달성을 위한 행동을 유발시키는 역동과정"이라 정의할 수 있다. 따라서 동기부여의 연구는 인간행동의 설명과 예측을 위한 것이며, 행동을 결정하는 심리적인 어떤 것에 대한 것이라고 할 수 있다.

(2) 동기부여의 의의

동기부여에 대한 관심은 조직 내 인력을 관리하는 선진국에서 시작되었으며, 조직 행동, 산업 심리 또는 일반 경영 분야에서 동기적 측면에 관한 연구가 활발히 진행되어 왔으며, 나아가 산업 및 조직 행동에 있어서 동기에 관한 관심이 크게 대두되고 있음을 나타내는 것으로서, 이와 같은 상황의 배경에는 여러 가지 이유가 있겠으나 주된 요인은 다음과 같은 것을 들 수 있다.

첫째, 현대 산업 사회에서는 조직 구성원들의 개개인의 자주적이고 자발적인 능력을 요구하는 조직 내 민주주의가 강하게 요구되는 점을 들 수 있다. 관료적 조직 구조나 권위적 체제에 의거한 관리 형태가 실효를 거두지 못하고 점차 한계에 이르게 되자 조직과 조직 구성원간의 관계를 단순한 수직적 관계에서 수평적 관계로 이해가 요구되었으며, 조직 구성원 개개인의 조직 내에서 자발적으로 행동하게 되는 배경 즉, 동기부여에 대해 적극적으로 연구할 필요가 생긴 것이다.

둘째, 조직의 효율성이나 생산성과 관련하여 경영자나 조직 연구가들이 조직에서의 인간 형태에 대해 큰 관심을 갖게 된 점을 들 수 있다. 즉, 조직에 있어 비인간적 자원뿐만 아니라 인적자원의 활용을 중요시하게 된 것이다. 따라서 이러한 인적자원의 핵심을 이루는 것이 바로 조직 구성원의 동기부여라 할 수 있다. 즉, 조직이 효율적으로 운영되기 위해서는 조직구성원들이 업무에 능동적으로 참여하고, 생산의욕을 갖도록 하는 동기부여의 문제가 해결되어야 하는 것이다.

셋째, 생산에 필요한 현재와 미래의 기술적 진보와 관련이 있다. 기술이 복잡해지고 수준이 고도화됨에 따라 효과적이고 능률적으로 운영할 수 있는 고급인력의 부족이 두드러지게 나타나고 있다. 따라서 현대에는 공학과 기술적 진보에 따라서 인적 노동력을 기계로 대체하는 일이나 기술혁신의 요구가 조직의 존립에 있어서 중요한 요소임에 틀림없다.

(3) 동기부여의 과정

동기부여가 어떤 과정을 거쳐서 이루어지게 되는가를 이해하기 위해서, 욕구(needs)와 목표(goals)라는 변수를 중심으로 보면 동기부여 과정은 동기부여⇒욕구충족수단탐색⇒목표지향적 행동⇒성과⇒보상 또는 벌⇒종사원에 의해 재평가된 욕구결핍 등의 절차를 거친다고 할 수 있다.

제5절 남녀의 인간관계

우리가 잘 알고 있듯이 이 세상의 절반은 남자이고 그 나머지는 여자로 되어 있다. 역사상 이 두 가지 성은 서로의 조화, 갈등, 대립 등의 형태로 살아오고 있다. 그러나, 근본적으로 이 두 성은 다를 수밖에 없는 차이가 있고 우리는 이러한 차이를 인식하고 조직생활에 임해야 하겠다.

(1) 남녀의 차이점[1)]

1) 근본생리적 차이점

- 여성의 혈액에는 수분이 더 많다.
- 여성은 생리주기에 따라 심신상태의 영향을 받는다.
- 남성은 질병에 약하지만 여성은 고온/고통을 더 잘 견딘다.
- 남자는 좌뇌(분석적, 직선적, 합리적, 목표지향적 등의 기능담당)가 발달, 여자는 우뇌(직관적, 즉흥적, 감정적, 시각적, 예

1) 양창삼, 『인간관계와 갈등관리』(경문사, 1997), pp. 205-208.

술적 기능)가 발달되어 있다.

- 문제를 해결할 때 여자는 양쪽 뇌를 동시에 사용하지만 남자는 교대로 사용한다. 따라서, 남자는 한 가지 일에 집중하면 다른 일을 못하고, 여자는 동시에 다섯 가지 일이 가능하다.
- 남자는 시각/후각에 더 민감, 여자는 촉각/청각에 더 민감하다.
- 남자의 심장노화가 여성보다 30% 이상 빠르다.

2) 능력의 차이점

- 언어능력:여자
- 시간/공간능력/수리력: 남자
- 신체적/언어적: 남자가 더 공격적이다.

3) 성반응의 차이점

- 남자는 성적 및 육적 욕구에 초점을 두고, 여자는 애정과 친밀감의 사랑을 추구한다.
- 남자는 성적으로 소유하면 그녀를 소유했다고 믿고, 여자는 관계를 중시하며 성은 부차적인 것으로 생각한다.
- 고로, 남자가 더 빨리 사랑에 빠지며, 사랑 실패시 남자가 자살할 확률이 3배나 높다.

4) 인식의 차이점

- 남성의 인식은 구심력적이다. 사람들과의 관계 속에서 움직임을 중요시한다.
- 여성은 원심력적이다. 자신으로부터 시작해서 다른 사람들과의 관계를 중요시한다.

5) 거리적 차이점

- 남자는 좋아하는 사람 앞에 앉기를 좋아하고, 여자는 좋아하는 사람 옆에 앉기를 좋아한다.

6) 문제해결 방식의 차이점

- 남자는 1, 2, 3, 4, 5단계를 거쳐 직선적/논리적으로 해결하려 하고,
- 여자는 1, 3, 5, 2, 4단계를 거친다. 양쪽 뇌를 사용하므로 가능할 수 있다.
- 스트레스를 받을 때 남자는 문제를 가지고 혼자 동굴로 들어가 해결하려고 노력하고, 여자는 다른 사람에게 가지고 가서 표현하고 이해를 받아 위안을 받는다.

7) 관심 및 정서적 반응 차이점

- 남자는 지적이고 객관적인 관계를 편하게 느끼나, 여자는 감정적이고 인격적인 관계를 편하게 느낀다.
- 감정관련 두뇌의 크기는 여자가 더 크다. 그래서, 여자가 감정표현을 더 잘하며 오래 산다. 남자는 자신의 생각을 통해 감정에 접근하며 감정표현이 억제된다. 이는 문화적인 원인도 있다. 잘 우는 남자를 정상적으로 보지는 않는다.
- 남자들만이 작은 방에서 토론할 경우 서로 경쟁적이고 공격적이 된다. 여자의 경우는 반대이다.
- 남녀혼합의 경우 장소의 크기는 무관하고 여성의 매개체 역할이 빛난다.

(2) 바람직한 남녀관계를 위한 3대 지침

이렇듯 근본적으로 남녀가 서로 다르므로 우리는 서로간의 상호존중, 상호이해, 상호보완이 필요한 사이임을 알아야 한다.

〈도움되는 사례 1장〉

(1) 진단 : 자기 경영 상태

아래 질문에 ○ 혹은 ×로 답한다. 반드시 자신에게 솔직해야 한다.

___ 1. 좋아하는 일은 싫어하는 일보다 먼저 한다.
___ 2. 방법을 모르는 일보다 아는 쪽을 더 빨리 처리한다.
___ 3. 힘든 일보다는 가장 쉬운 일부터 한다.
___ 4. 작은 업무들을 먼저 처리하고 그 다음에 큰 업무를 처리한다.
___ 5. 관련 자료를 즉각 얻을 수 있는 일을 한다.
___ 6. 예정된 일을 시작하기에 앞서 스케줄에 없는 일을 하는 경우가 종종 있다.
___ 7. 다른 사람의 부탁을 먼저 처리하고 나서 나의 요구에 응한다.
___ 8. 중요한 일보다 급한 일을 먼저 한다.
___ 9. 위기나 긴급 상황에 처했을 때 즉각 반응한다.
___ 10. 흥미로운 일을 먼저 하고 재미없는 일은 나중에 한다.
___ 11. 정략적으로 편리한 일을 한다.
___ 12. 끝이 보이는 일을 한다.
___ 13. 누가 원하느냐에 따라 다른 반응을 보인다.
___ 14. 일이 주어지는 순서대로 매달린다.
___ 15. 보채는 아이 젖 주는 원칙으로 일한다.

'○' 답안이 많을수록 당신 자신, 시간, 생산성……, 그리고 스트레스 레벨을 좀더 효율적으로 관리하기 위해서는 반드시 버려야 하는 습관이 많다는 의미가 된다.

당신은 인생을 살아오는 동안 쌓이고 쌓인 여러 경험들이 서로 얽혀 복합화된 결과 그 자체이다. 오랫동안 몸에 밴 습관들을 바꾸려면 스스로 하겠다는 의지를 갖고서, 이전 방법과 태도를 평가하고, 새로운 방법을 익히며, 효율적이지 못한 습관들을 바꿔 새롭게 개발해야 한다. 변화를 위한 과정의 각 단계마다 굳게 다짐을 하고, 흔들리지 않으면서 일관성 있게 단계를 완수해 나가야 할 것이다.

(2) 미래성장 평가지표

기술혁신성 정도
· 연구개발(R&D) 투자 비중 · 신기술 제품화 능력 · 신기술 생산화 능력 · 기술인력 수준 · 재료 및 부품조달 능력

경영혁신성 정도
· 경영자의 혁신 의지 · 신제품 마케팅 능력 · 정보 검색 및 분석 능력 · 중장기 개발 계획 · 경영의 투명성

(3) 직장에서의 창조적 업무환경 만들기

① 개발조직을 프로젝트팀 또는 TFT(Task Force Team)로 운영하자

② 플렉시블 타임제 등 새로운 근무시간제를 도입하자

③ 부하가 상사에게 자유롭게 건의하는 풍토를 만들자

④ 회의는 브레인스토밍 방식을 선택하자

⑤ 결재 절차를 단순화하여 조직의 슬림화를 이루자

⑥ 현장교육(OJT)을 활성화하자

⑦ 혁신활동에 대해 인센티브를 부여하자

* OJT : On the job training

(4) 피그말리온 효과(Pygmalion Effect)

로젠탈효과, 자성적 예언, 자기충족적 예언이라고도 한다. 그리스신화에 나오는 조각가 피그말리온의 이름에서 유래한 심리학 용어이다. 조각가였던 피그말리온은 아름다운 여인상을 조각하고, 그 여인상을 진심으로 사랑하게 된다. 여신(女神) 아프로디테(로마신화의 비너스)는 그의 사랑에 감동하여 여인상에게 생명을 주었다. 이처럼 타인의 기대나 관심으로 인하여 능률이 오르거나 결과가 좋아지는 현상을 말한다.

심리학에서는 타인이 나를 존중하고 나에게 기대하는 것이 있으면 기대에 부응하는 쪽으로 변하려고 노력하여 그렇게 된다는 것을 의미한다. 특히 교육심리학에서는 교사의 관심이 학생에게 긍정적인 영향을 미치는 심리적 요인이 된다는 것을 말한다.

(5) 목표 달성을 위한 세 가지 필수 요건

1) 목표를 종이에 적어라

목표를 적음으로써 목표를 분명하게 인식할 수 있고, 개인 혹은 직장의 업무에 더욱 전념할 수 있게 된다. 반면, 이를 하지 못했을 경우 성취의 가능성은 거의 제로 수준으로 떨어진다. 목표를 적게 되면 다음과 같은 상승효과가 따른다.

- 목표가 분명해진다. 당신의 목표는 머리 속에서 이리저리 떠다니는 막연한 구름이 아니라 눈으로 볼 수 있는 실체이다.
- 마음속에 목표를 항시 신선하게 간직하도록 한다. 목표를 적게 되면 좀처럼 잊어버리지 않는다.
- 위기에 대한 감각과 책임감을 안겨다 준다. 적힌 목표를 볼 때마다 행동으로 옮기도록 끊임없이 자극을 받는다.
- 목표를 예측할 수 있도록 해준다. 목표가 적힌 리스트를 따라 눈으로 그 목표들을 점검하면서 스스로 보상 심리를 느낄 수 있는 것만큼 만족스러운 건 없다.
- 목표를 현실적으로 만들어준다. 적어놓은 목표들이 결과를 가져다주는 것을 보면 그 매력은 거의 현실적으로 믿을 수 없을 정도다.

기록된 목표는 결과와 훌륭한 의도간에 어떤 차이가 있는지 설명해 준다. 이와 관련하여, 해리 트루먼은 어떤 사람에 대해 할 수 있는 최악의 표현은 "그는 호의적이었다."는 말이라고 피력한 바 있다. 당신이 적어놓은 목표가 명확할수록 그 목표가 전해주는 방향은 더욱 다양해질 것이다. 당신은 지금 어디로 가고 있는가? 목표에는 어떻게 도달할 것인가? 그리고 정작 그곳에 도착했을 때 어떻게 알아차릴 것인가?

2) 진정 노력해야 할 것은 완벽이 아니라 진행 과정이다

기준을 비현실적으로 높게 혹은 엄격하게 설정했을 때 성공의 기회는 사라진다. 일본의 사례를 통해 하나의 교훈을 익힐 수 있다. 일본인들은 카이젠(개선)이라고 하는 원칙을 고수하는데, 과정의 중요성과 긴밀한 관계가 있는 원칙이다.

즉, 직장인들에게 매일의 목표는 자신의 일이 그 전날보다 조금 더 나아지는 것이다. 큰 도약이 아니다! 혁명적인 변화가 아니다! 바로 어제보다 조금 더 나아지는 것, 그리고 내일의 목표는 오늘보다 조금 더 잘 하는 것이다. 거창한가? 아니다, 하지만 그로 인한 결과는 지극히 놀랄 만하다. 전문성이 어떻게 얻어지는지 그 해답이 여기에 있다.

전문성은 완벽과는 다르다. 전문성은 이루어낼 수 있는 것이지만, 완성은 이룰 수 없을뿐더러 필요하지도 않다. 톰 카이트라는 골퍼가 최초로 1년 동안 100만 달러라는 수익금을 벌어들이던 해, 홀인원은 단 한 번도 하지 못했다. 그러면 기록이 좋지 않은 해는 있었는가? 아니다. 톰 카이트는 완벽의 경지에는 전혀 이르지 못했어도, 골프 기술에서는 숙련가였던 것이다!

3) 강력한 대인 관계를 만들어라

좋은 대인 관계 속에는 타인과의 상호 의존도가 함축되어 있다.

다른 사람과 접촉하지 않고 목표를 달성하기란 거의 불가능하다. '외로운 방랑자' 식의 접근법이 성공을 거둔 사례는 극히 드물다.

기러기를 보면 우리가 서로에게 어떤 영향을 미치는지 분명하게 그림이 그려진다. 기러기가 떼 지어 날 때 몇 가지 현상을 볼 수 있는데, 먼저 대형이 항시 V자 형태를 이룬다는 것이다. 대부분의 기러기들이 선두 기러기가 만들어내는 대형을 따라 날아가는 동안, V자 형의 머리 부분에 있는 기러기는 공기를 가르며 가장 힘들게 비행해야 한다. 그런데 V자형 꼭대기 안쪽과 대형 바로 뒤쪽을 보면 몇몇 기러기들이 대형에서 벗어나 있는 게 종종 눈에 띈다. 나이 들거나 병들어 허약한 기러기가 이들인데, 대형을 따라 날지 못하게 되면 비행 거리는 더욱 길어질 수 있다. 이 때 좀더 힘이 센 기러기들이 그 일을 책임지게 된다.

오랫동안 이들의 대형을 살펴보면, 선두 기러기가 또 다른 기러기에게 자기의 자리를 내주고 대형에서 빠져나와 V형 뒤쪽으로 가는 모습을 목격할 것이다. 한 마리가 선두를 맡으면 다른 기러기들이 쉬는 식으로 일의 짐을 나눔으로써, 기러기 떼는 더 빠르고 더 오래 날 수 있다. 만약 무리 중 한 마리가 뒤에 처질라치면 다른 기러기가 뒤로 날아가 함께 날아주고, 대형을 일탈하여 지상으로 날아가는 기러기가 있으면 또 다른 기러기가 그 기러기와 동행해 주는 것이다.

당신은 필요할 때 도움을 청할 수 있는 사람들이 있는가? 아니면, 인간관계가 깨졌거나 아예 관계가 형성되지 않았다는 이유로 당신이 앞으로 나아가지 못하게 길을 막는 사람이라도 있는가? 당신은 다른 사람들로 하여금 선두 자리에서 날도록 하고, 자신은 잠시 쉬어갈 의향이 없는가?

제 2 장

의사소통의 중요성

제 1 절 의사소통의 의의와 중요성

1. 의 의

커뮤니케이션(communication, 의사소통)이란 조직내에 있어서 정보를 교환하며 횡적관계의 협조를 구하고, 동시에 상하관계의 철저를 기하기 위한 기술을 뜻한다. 조직의 규모가 확대되고 그 내용이 복잡해질수록 의사소통이 가지는 의의는 더욱 중대해진다. 정보의 제공과 교환은 모든 구성원들에게 필요한 지시나 방침을 주지시켜 주게 되는 것이므로 보다 원활한 조직활동을 할 수 있고 근로의욕과 사기를 높여 주게 될 것이다.

노사분규가 잦은 회사의 노동자들이 회사의 실제 이익이 발표

된 숫자보다 훨씬 크다는 것을 믿고 있으며 그것은 노동자의 과오가 아니라 정보 책임자로부터 회사의 경영성과에 대하여 아무런 정보도 얻지 못하고 있기 때문이다. 상부로부터 하부로의 의사소통의 경로 중에서 조직의 체계만 잘 정비되어 있다면 상의하달이나 횡적전달에는 큰 애로가 없다고 하겠으나 종업원의 하의상달에는 허다한 난관이 있는 것이다. 일선 종업원으로부터 과장, 부장, 상무 등에 이르는 동안 삭제, 여과되어 상달되지 않는 하의는 불평불만으로 변화하게 되고 욕구좌절감 때문에 사기는 걷잡을 수 없이 저하되는 것이다.

개인간이나 집단내에서 인간관계의 제1차적이고 가장 기본적인 수단은 의사소통이기 때문에 인간관계에 관한 연구에서 의사소통에 관한 연구는 가장 중요한 위치를 차지하고 있다.

리더십의 효과는 의사소통의 능력에 따라 결정되고 인간관계는 효과적인 의사소통에 의존한다. 그것은 송신자, 수신자 및 의미(meaning)의 전달과 이해(understanding)를 포함한다.

2. 의사소통의 7가지 원칙

커뮤니케이션의 일반적인 의미로는, 개념이나 뜻의 전달 및 통신과 사상의 표현이나 교환을 말하는 이른바 의사전달을 의미하며, PR에 있어서 가장 기초적인 노하우의 요소로 여겨지고 있다.

나아가 서로 대변하고 있는 개인간에 이루어지는 커뮤니케이션을 대인 커뮤니케이션(Personal Communication)이라 하고, 신문이나 잡지, 라디오나 TV 등의 매스 미디어(Mass media)를 통해 행해지는 커뮤니케이션을 매스 커뮤니케이션(Mass Communication)이라고 불리운다.

그래서 커뮤니케이션의 과정은 전달자(Source)-내용(Message)-매체(Channal)-수용자(Receive)-효과(Effect)라고 하는 5가지 과정을 통하여 이루어지므로, 이중 하나라도 없으면 완전한 커뮤니케이션이라 할 수가 없을 것이다.

또한 내적으로는 PR(Public Relations, 홍보) 목표의 수립 및 달성에 필요한 정보를 수집하고, 그 필요성 및 가치를 분석 평가하여 요구되는 객체와 장소에 전달함으로써 최적화와 합리화, 조정통합의 기능을 갖고 있으며, 외적으로는 환경과의 관계를 연계시키는 기능을 갖고 있는데 즉, 국민의 요구, 기업간의 활동, 이익 집단들의 움직임, 정당들의 정책이나 건의사항 등을 알아내고 대응하기 위한 모든 정보교환이 여기에 속한다.

아울러 커뮤니케이션의 원칙으로는 레드필드(C. E. Redfield)는 커뮤니케이션의 일반 원칙을 다음 일곱 가지로 설명하고 있다.

1. 명료성

이상적인 의사전달이 이루어지기 위해서는 그 의미가 명확해야 하고, 최적의 통로를 선택해야 하므로 가능한 어려운 단어나 복잡한 배경 설명, 어색한 문장구조, 진부성, 불필요한 전문용어, 지나친 미사여구 등은 오히려 커뮤니케이션의 명료성을 잃게 한다.

2. 일관성

최초의 커뮤니케이션이 통로를 타고 전달되는 과정에서 수정이 번복되거나 가감이 됨으로써 일관성을 잃게 되므로, 어떤 커뮤니케이션이든 PR 주체의 목표와 부합되는 것이어야 한다.

3. 적기적시성

아무리 좋은 커뮤니케이션의 내용이라 할지라도 적절한 시기와 시간을 맞추지 못하면 불필요한 것이 되고 만다.

4. 분포성

PR 주체의 커뮤니케이션은 명확하게 PR 객체에게 전달되어야 한다.

5. 적당성

과대한 양과 짜증스러울 정도의 회수로 커뮤니케이션을 하려는 것은 오히려 역효과를 나타낸다.

제 2 절 커뮤니케이션의 여러 유형

일반적으로 경영에 있어서 이용되는 유용한 의사소통의 방법으로는 ① 공식적인 위원회 또는 협의회를 조성하여 토의방식으로 하는 방법, ② 간담회·회식 같은 비공식 회합을 수시로 갖고 자유로이 의사교환을 하는 방법, ③ 사내보·정기 또는 수시 간행물에 의해 의사와 정보를 교환·주지시키는 방법, ④ 게시판을 효과적으로 활용하는 방법 등이 있다.

커뮤니케이션 수단은 공식커뮤니케이션과 비공식적 커뮤니케이션으로 2대분하여 설명한다.

[도표 2-1] 커뮤니케이션의 유형과 인간관계

공식 커뮤니케이션 (formal communication)		비공식 커뮤니케이션 (informal communication)		
언어(입말) Mouth	문자, 문서(글말) Figure Language	신체언어(몸말) Body Language	접촉언어 Contact Language	물리 · 상징적 언어 Physical · symbolic Language. 풍문 Rumour.
공자의 신(信) · 언(言) · 서(書) · 판(判)—인물을 선택하는 표준으로 삼던 4대 조건—신수(身手) 의용(appearance) · 말씨(언론, speech) · 글씨(문필, writing) · 판단력(judgement)				

1. 공식커뮤니케이션(Formal Communication)

여기에는 크게 언어와 문자 및 문서(document)를 들 수 있다.

(1) 언어(입말 : mouth language)

'언어적 의사소통'이라고도 말하며 가장 중요시되고 가장 많이 사용되는 의사소통수단이다. 서로 마주보고 하는 대면적(face to face)인 대화, 전화기를 통한 대화 및 토의를 통한 회의 등을 포함한다. 언어를 사용하는 공식적 의사소통이 가장 많이 선호되는 이유는[2] 언어적인 것은 문서적인 것보다 쉽고 언어적인 것은 즉시에 할 수 있다. 비밀정보, 가십(gossip) 및 개인적인 비밀은 통상 언어적인 방법에 의존할 수밖에 없다는 점 등이다.

언어적인 것은 사회적 사회작용(접촉)에 대한 욕구를 만족시킨다. 그러나 언어적 의사소통의 최대의 장점은 상호간의 쌍방적 의

2) K. H. Chung, *Management : Critical Success Factors* (Allyn & Bacor, 1987), p. 412.

사소통(two-way communication)이기 때문에 '피드백 루프'(feed-back loop)라고도 하며 상호적인 것이므로 의사거래적(transactional) 의사소통이라고 한다. 그러나 언어적 의사소통에도 활용상의 한계가 있다. 테이프에 수록되지 않는 한 정보교환에 관한 영구적인 기록을 남기지 못한다는 점과 문서로 의사소통할 때보다 송신자가 올바른 어휘의 선택에 신중하지 못하기 때문에 보다 정확하지 못하며 좋은 사전계획을 할 수 없다는 것이다.

(2) 문자 · 문서(글말 : figure language)

인간 상호간의 공식 커뮤니케이션으로써 언어 다음으로는 문자 등이 있으며 이는 조직차원의 문서(documents)를 포함한 서신, 메모, 보고서 등을 말한다. 이러한 수단은 상호작용의 기록을 유지하고자 하거나 언어적 수단으로는 의사소통이 어려운 전문적 기술적 보고서 등에서 활용된다. 이는 언어적 의사소통의 한계를 극복하기 위하여 사용되기 때문에 정확성을 요하고 공식적 문서화를 필요로 한다. 명확성을 보장한다는 점이 최대의 장점이지만 일방적 의사소통(one-way communication)이라는 결정적 단점을 내포하고 있다.

상의하달의 명령을 문서로 하는 것이 상례인데 이것이 효과적인 경우는 무엇보다도 책임소재를 분명히 해 두어야 할 경우, 숫자를 수반하거나 세부항목을 나열하는 경우, 내용이 복잡하거나 자세한 설명이 필요한 경우, 이미 결정된 방법으로 일을 시키고자 할 때, 작업이나 사무의 진척상태를 통제할 때, 상사의 명령을 수행함에 있어 고려할 사항을 특히 유념할 경우 등이다.

하의상달을 문서로 보고하는 경우 인사보고, 실적보고, 경리보고, 계획보고 등이며 보고는 너무 많아서도 안 되고 필요 이하로 적어서도 안 된다. 문서명령의 한 가지 발전형태로서 취업규칙 예규집, 법령집, 조직의 방침, 절차, 관행 등을 전달함을 목적으로 하는 편람은 조직의 상부계층에 배포되며 일반종업원들이 이해하기 쉬운 형태로 작성한 것으로는 편람의 내용을 간단하고 쉽게 기술한 핸드북(hand book)이 있으며 정보의 전달이나 제규칙의 개폐된 내용을 일반에게 알려야 할 경우 문자·문서에 의한 정보전달방법의 하나로서 게시판·포스터가 이용되기도 한다. 대규모의 조직체에서 하향식·상향식·횡적 정보전달의 목적을 골고루 촉진시킬 수 있는 사내보는 많은 사람들이 관심을 갖고 있는 기사와 다양한 내용을 취급하여야 한다.

공식 커뮤니케이션의 한 수단으로써 문자사용과 관련하여 인쇄가 아니고 자필로 내부결재(稟議: 품의)를 받는 경우이든지 개인간의 서신이든지간에 내용과 더불어 문체가 유려하다면 상대방에게 좋은 인상과 호감을 받게 된다. 과거에는 사람을 공개 채용할 때는 반드시 자필이력서를 요구하였다. 글씨를 인격을 평가하는 한 가지 수단으로 생각한 것 같다. 글씨체가 악필이고 조잡하면 상대에게 나쁜 인상과 불쾌감마저 줄 수 있다. 참으로 글씨를 잘 쓴다는 것은 일종의 복이 아닐 수 없다.

2. 비공식 커뮤니케이션(Informal Communication)

조직의 제도적인 의사소통(Informal Communication) 수단인 언어와 문자, 문서만으로는 인간의 복잡하고 다양한 내면의 의도를 전달하기 어렵기 때문에 공식적 의사소통의 보조적 수단으로 사용되는 ① 신체언어, ② 접촉(촉각)언어, ③ 물리적 상징적 언어, ④ 풍문 등을 말한다.

그러나 여러 연구에서 얼굴표정과 신체언어에 의해 전달된 경우가 55%이고 메시지가 음성의 변화 및 강조, 억양, 음조에 의해 38%가 그리고 7%만이 공식적 의사소통으로 사용되었다는 보고[3]가 있다.

감정의 표현 등, 때에 따라서는 비공식적인 의사소통이 보다 강력한 작용과 효과를 가져올 수 있기 때문에 이에 대한 연구와 개발이 요구된다.[4]

(1) 신체언어(Body Language)

육체언어라고도 말하며 ① 얼굴(용모, 인상, 표정) ② 체격・체형・걸음걸이(신체균형, 음식, 정신상태) ③ 태도・자세・매너(마음가짐) ④ 목소리(억양, 음조) ⑤ 의상(전체평가 경향) ⑥ 두발・안경(이미지) ⑦ 화장(정성) ⑧ 미소(습관) 등을 말한다.

(2) 접촉언어(촉각언어 : Skinship)

접촉은 강력한 형태의 비공식적 의사소통의 한가지이다. 관심, 신뢰, 온정, 흥미, 분노 등의 감정은 접촉을 통해서 표현할 수 있다. 어떤 사람이 어떤 방식으로 상대방에게 손을 내밀었을 경우, 본인은 말 없이도 그 의미를 이해할 수 있다. 상대방에 대한 신체적 접촉은 기쁨이나 슬픔에 잠겼을 때 표현할 수 있는 것 이상을 말해 준다. 그러나 어떤 사람들은 접촉을 통해 상당한 위안을 받는 반면에 접촉하기를 주저하는 사람들도 많다. 우리 나라 사

3) R. G. Nichols, *Listening is Good Business : Management of personal Quarterly* (1962).

4) L. Donaldson/E. E. Scannell, *Human Resources Development* (Addison-wesely, 1986), p. 87.

람들은 접촉언어를 구사하는 데에 익숙하지 못하다. 이는 자신의 환경, 상식, 관행, 습관의 형태에 따라 자신이 전달하고자 하는 메시지에 적합한 접촉의 정도가 결정될 것이다. 접촉언어에는 ① 어린아이와 접촉언어 ② 포옹·두드리기·쓰다듬기 ③ 악수, ④ 키스·애무 ⑤ 섹스 ⑥ 접촉언어와 거리감 ⑦ 아류언어(비명소리, 한숨, 투덜거림 등) ⑧ 눈맞춤 등이 연구대상이 된다.

(3) 물리적(physical) 상징적(symbolic) 언어

개인의 지위를 말하는 사무실 및 책상의 크기와 카펫의 위용, 신비의 장식이나 조명, 분위기 등을 말한다. 자동차는 운송수단의 목적을 가졌을 뿐이지만 중형, 대형을 굴리면서 자기과시를 하는 사람들도 없지 않다. 공무원의 경우에는 장관실, 국장실, 과장실의 규모, 비품, 비치품목들이 각기 구별, 규격화되어 있으며 사무실의 크기가 곧 지위를 상징하고 있다. 개인의 경우, 가옥의 크기, 양식, 실내장식물, 가구, 벽지, 서재, 박제, 기념패의 진열, 골동품이나 명화의 전시, 집안 분위기의 화려함 또는 정숙함, 카펫의 색깔, 응접실의 꾸밈, 정원과 화단 자신의 생활수준이나 취미생활을 그러한 것들을 통하여 자기 이미지를 부각하려 하며, 비공식 커뮤니케이션 수단으로 활용하기도 한다. 자기를 간접적으로 소개하기 위하여 손님이 내방했을 때 집안 내에 있는 여러 물리적 상징적 용구들에 대하여 친절히 설명을 해주기도 하고 차를 마실 때는 찻잔과 차의 유래도 설명한다. 고도의 문화생활을 하는 사람의 경우이지만 보통은 실용성을 위주로 하여 집안을 가꾼다. 권위주의 사회나 독재자들은 특히 물리적 상징적 표현을 많이 개발하고 사용한다. 히틀러 군대는 오른팔을 들어 경례표시를 하거나 특이한 국장(國章)들과 배지 등 갖가지 부착물을 달고 다니게 한다. 히틀러의 모자, 콧수염, 복장, 장화 등은 선동적인 대중심리의 천재인 선전상에 의해 고안된 것이다.

저녁 황혼이 질 무렵에 대중연설을 하게 하여 대중은 피로에 시달려 있지만 본인은 이미 한숨 자고 난 뒤 힘이 솟을 때 열화와 같은 웅변과 발작적 행동을 보면서 대중은 그의 정열과 넘치는 스테미너에 큰 감명을 받게 하는 것이다.

(4) 풍문(rumor)

풍문은 비공식 커뮤니케이션의 병폐로 나타날 수 있는 책임성 없이 떠도는 소문을 의미하는데 사실의 왜곡이나 사원들의 원망이나 흥미거리에 불과한 것이라면 별 문제가 없겠으나 사원들의 불평불만에서 나오는 것이라면 불리한 영향을 미치게 된다. 풍문은 억제된 분위기, 진상에 대한 정보의 결여, 상호 배치되는 정보의 불신임 등이 발생요인이 되나 하향식 정보전달을 소홀히 하는 경우에 풍문의 유포가 조장되는 데 대하여 정보전달을 적시 적절하게 행하는 경우에는 풍문은 그다지 유포되지 않는다. 조직의 규모가 커질수록 비공식적 의사전달에 의존하는 바가 많아지기 때문에 구성원들로 하여금 조직목표에 대한 공동 이해력을 추진시킬 필요가 있다.

제 3 절 커뮤니케이션의 장애요인

의사소통을 바람직하지 못하게 하는 요인을 장애요인(barrier)이라고 하는데 전달자(sender), 수신자(receiver), 전달매체(media) 및 전달경로(channel), 정보 그 자체에 문제가 있을 경우에

발생하나 보다 중요한 원인은 전달자와 수신자의 커뮤니케이션 행동에 있다.[5]

1. 지각상의 장애

실제 사물(현실, 실재)에 대한 관점(view)을 의미하는 지각작용은 개인에 따라 보고 해석하는 내용이 다르기 때문에 있는 그대로의 사물을 보지 못하는 데서[6] 문제가 발생한다. 개인은 자기자신을 보호하고 유지하며 자아를 향상시키는 방향으로 행동하려 하기 때문에 자기에게 유리한 방향으로 메시지를 선택・해석하게 된다. 정보원에 있어서도 전달자에 대한 선입감에 따라서 정보메시지에 대한 수신자의 태도가 다를 수 있다.[7] 전달자가 의도적으로 보내는 메시지의 내용과 수신자가 받아 해독한 그것이 다르다는 것이 바로 지각상의 장애가 된다. 개인의 환경상황에서 일관성을 찾는 과정에서, 지각대상으로부터 제한된 지시구조의 범위내에서 중요한 특성만을 지각하여 이를 토대로 지각대상을 분류하고 평가하는 경향이 있다. 예를 들면 경리, 기술 등의 기능분야에 종사하는 사원들을 융통성 없는 사람들로, 학예분야에 속하는 사원들을 요령좋고 사교적인 사람들이라고 하는 편견이 형성되는가 하면 특정지역 출신 사람들에 대한 편견 등은 고정관념 또는 상동적 태도(stereotyping)에 의한 지각상의 장애라 하고 지

5) Stephen R. Axley, Management and Organizational Communication in Terms of the Conduit Metaphor, *Academy of Management Review* (July 1984), pp. 428-437.

6) K. H. Chung, *Management : Critical Success Factors* (Allyn & Bacon, 1987), p. 401.

7) Charles A. O' Reilly and Karlene Roberts, Information Infiltration, *Organizational Behavior and Performance*, Vol. 14 (1974), pp. 253-265.

각대상의 어느 한 특성만을 중시하므로 그 대상전체를 일괄적으로 평가하는 현혹효과(halo effect)도 지각상의 장애로 된다. 예를 들면 인간성이 좋다고 하면 지능수준을 평가하는 데 영향을 미치는 것 등이다. 일반적으로 나이가 많고 경험이 많을수록 실제를 좁게 지각하는 경향이 생긴다. 특히 정치인, 외교관들은 꼬리를 잡히거나 조금이라도 상대를 불편하게 하거나 자극하지 않는 단어, 어의를 선택하는 데 애를 쓴다.

2. 언어(어의)상의 장애

언어(language)상 또는 어의(semantic)상에서 빈번하게 발생하는 것으로 개인에 따라서 정확한 뜻이 모두 다를 수 있고 따라서 커뮤니케이션에 상호 오해와 문제를 초래할 수 있다. 어느 특정한 언어의 사용은 어느 특정인 또는 조직단위에서만 사용하기 때문에 그 개인 또는 그 조직의 문화를 이해하지 못하면 의사소통이 제대로 되지 못한다. 그것은 그들만의 사어(私語, private language)이기 때문이다. 어려운 한문을 즐겨 쓰는 식자도 문제가 있으나 한자로 쓰지 않으면 이해하기 어려운 한글도 많이 있다. '적당히', '알아서', '조속히' 등의 형용사는 흔히 쓰는 말이지만 개인에 따라서 달리 해석할 수 있다. 따라서 언어의 추상화의 정도가 높을수록 전달상의 장애가 일어난다. 부적절한 단어선택, 문법상의 오류, 철자의 보기, 서투른 장이나 언변 등은 수신자가 전달자의 메시지를 이해하기 힘들게 한다. 이러한 문제점들은 교육과 훈련의 부족에서 기인하는 경우가 많다.

3. 보호적 여과작용(filtering)에 따른 장애

하의상달의 경우 조직내의 모든 구성원들은 제각기 직무상의 그들의 의견, 불평, 불만을 토론해서 이것을 경영면에 반영시킴으로써 직무활동면의 개선을 할 수 있는 길을 얻기를 바라고 있다. 사원의 의견이나 불평불만은 그것이 최고경영자층에게 전달되기까지에는 여러 계층의 상사들을 통해야 하는바, 일선직원의 의사나 건의는 상사들에게 전달되는 과정에 상사의 감정을 해칠 우려가 있든가 혹은 자기에게 불리한 의견은 삭제(여과)되어, 결국에는 하부의 의사의 극소부분만이 상달되게 되므로 여기서 의사소통의 경로는 원래의 기능을 다하지 못하게 된다.

4. 신뢰성(credibility)의 부족에서 오는 장애

전달자가 지닌 전문지식, 신용, 의향, 온화, 행동적 특성, 일반적인 전달자가 지닌 전문지식, 신용, 의향, 평판 등은 전달자의 신뢰성에 영향을 미친다.[8)]

조직내에서 특정 전달자에 대한 평판이나 전달자에게 겪은 과거경험을 통하여 형성된 선입관(preconceived ideas)에 따라서 전달자에게 내리는 평가적 경향(evaluative tendency)을 갖게 된다. 수신자가 발신자에 대하여 "그 사람의 말은 믿을 게 못된다"라는 식의 생각을 가진다면 그 메시지가 제대로 들리지 않거나 상대방이 하는 말을 건성으로 듣고 성급한 판단을 하기 쉽다.

---

8) D. W. Johnson, *Reaching out* (Engwood Cliffs, N. J.: Prentice-Hall, 1972), p. 292.

5. 준거의 틀(frame of reference)에 의한 장애

개인마다 모두 다른 준거(공통적)체계를 가지고 그것을 기반으로 같은 상황을 놓고도 저마다 해석을 달리한다. 사회적 지위, 신분, 직업, 소득이 유사한 사람들은 같은 준거집단을 형성하고 동질적인 상호이해를 할 가능성이 높다. 한편 교양, 취미, 학력수준, 사고, 판단과 태도 및 신념체계가 판이하게 다를 경우에 준거의 틀이 상이하므로 공감대가 형성되기 어려울 것이다.

따라서 전달자와 수신자가 '서로 다른 준거의 틀'에 기준하고 의사소통을 할 때에는 커뮤니케이션상의 '공통점(commonness)'을 공유할 수 없을 것이다.

제 4 절 커뮤니케이션의 개선

1. 감정이입적 커뮤니케이션

우리가 인간관계를 염두에 두고 항상 잊지 말아야 할 것은 전염병이 다른 사람에게 옮겨지는 것처럼 사람의 감정이나 얼굴표정도 다른 사람에게 전염된다는 사실이다.

인간관계에 있어서 절대로 잊어서는 안 되는 일급의 명심사항이 있으니 곧 '감정이입법칙'(Law of Empathy)이다.

사람의 인상과 표정은 타인을 위하여 관리되어야 한다. 역시 사람의 감정과 표정은 전염(의사소통)이 된다.

한편 사람이 타인에게 감정이입을 한다는 것은 타인의 관점에서 세상을 보려고 하는 것을 의미할 수 있다. 감정이입을 통해서 우리는 타인의 기쁨을 우리 나름대로 볼 수 있고, 타인의 슬픔이나 고통을 '내면화'할 수 있으며, 타인과 '동반자 의식'을 느낄 수 있으며 그래서 타인과의 선의, 애정, 애환을 나누는 진지한 인간관계로 발전할 수 있게 될 것이다.

감정이입적 커뮤니케이션을 하려면 발신자와 수신자가 자신을 서로 상대방의 준거의 틀(판단력 및 태도, 신념, 성격 등)에 위치시켜야 한다. 의사소통의 당사자들이 상대방을 잘 알고 있다고 성급한 판단을 하지 말고 당사자들의 견해를 잘 알고 관심을 기울여 완전히 이해하도록 노력해야 한다. 간결한 문장과 평이한 용어를 사용하여야 하며 때로는 공식적, 비공식적 메시지를 일치시켜 사용하고 중요한 사항은 여러 번 강조해야 할 것이다. 발신자는 의사전달의 목적이 정보를 전달하는 데 있다면 조리있게 하거나 글로 잘 써서 전달하면 되지만 다른 사람의 태도를 변화시키는 데 있다면 2회 이상 강조해야 할 것이다. 즉 전달자가 진정으로 성취되기를 바라는 것이 무엇인가를 확실히 검토하여 정보전달, 행동요구, 태도변경인가를 명확히 하고, 그 목적 달성에 도움이 되는 언어·음성·문서·전반적인 접근방법 등을 채택하도록 하여야 한다.

2. 수신자의 경청태도

수신자는 전달자의 의도와 동기를 고려하면서 자신을 전달자의 입장에서 생각함으로써 메시지를 보다 정확하게 이해할 수 있다. 그리하여 지각상의 오류와 정보의 왜곡도 줄일 수 있을 것이다. 업무과다로 인한 시간적 압박은 이러한 경청태도에 장애요소로 작용하므로 수신자는 자신의 커뮤니케이션 행동에서 경청태도를 기르도록 특별한 노력을 기울일 필요가 있다. 로저스와 파슨(Rogers and Farson)은 경청하는 태도를 기르는 세 가지 방법을 제시하고 있다.[9)]

첫째, 발신자에 대하여 긍정적이거나 부정적인 평가를 성급히 하는 것은 좋지 않은 결과를 초래한다. 이러한 것은 피상적인 반응으로 여겨질 수 있기 때문이다. 수신자는 수용과 신뢰 그리고 이해를 촉진시키는 분위기를 조성하는 노력을 해야 한다(평가적 비판의 회피 : evaluation judgement).

둘째, 메시지에는 그것이 직접적으로 전달하고자 하는 내용과 감정(feeling)이 포함되어 있으므로 수신자가 메시지의 의미를 완전히 이해하려면 이 두 가지 요소를 조화시켜 받아들임으로써 메시지의 기저에 깔려 있는 감정이 메시지의 내용보다 중요할 때가 많다. 메시지의 감정요소는 대개 음성의 고저와 표정, 태도 등 비공식 표현에서 나타나는데 수신자는 발신자의 메시지에 경청하면서 이러한 비공식적 메시지도 감지해야만 메시지의 전체적인 의

9) C. Rogers and R. E. Farson, *Active Listening*. In D. A. Kolb, I. M. Rubin and J. M. McIntyre (Eds.) *Organizational Psychology* (Englewood Cliffs, N. J. : Prentice-Hall, 1979), pp. 168-180.

미를 완전히 이해할 수 있다(전체적 의미—total meaning—의 경청).

셋째, 전달자의 의도와 목적을 수신자가 잘 이해하고 있다는 사실을 전달자에게 일깨워 주는 반응을 말한다. 수신자는 전달자가 전하는 내용을 되풀이하여 진술해 줌으로써 경청능력을 배양하는 계기를 마련할 수 있을 것이다.

3. 커뮤니케이션 매체의 선정

관리자들이 커뮤니케이션 매체를 선정하는 데 활용할 수 있는 지침[10]은 ① 구두매체(oral message)만 사용해야 하는 경우는 조직의 지침이나 공시사항, 정책변경 등 일반적으로 알려야 하는 성격의 내용 이외에 업무의 진척, 업무처리의 불충분, 구성원들간에 불화 등, 사원에 관련된 문제는 구두매체만을 사용하는 것이 좋고, ② 서면매체(written message)만을 사용하는 경우는 구성원들에게 널리 알려야 할 정보나 일정기간이 흐른 후에 행동에 옮겨야 할 일에 관련된 정보를 전달할 때에는 서면매체를 사용하는 것이 좋다.

서면매체는 즉각적인 행동을 요하는 일에 정보의 전달, 상의가 필요한 일, 대인관계상의 문제해결 등에는 적합치 않다. ③ 구두매체를 사용한 후 서면매체를 사용해야 하는 경우가 많다. 즉각적인 행동을 요하는 일이나 업무관련 지시사항, 조직의 정책변경, 조직의 지침 등의 전달에 적합하다.

---

10) D. Level, Communication Effectiveness : Method and Situation, *Journal of Business Communication* (Fall 1972), pp. 19-25.

제 5 절 커뮤니케이션의 주요기법

1. 조하리의 창(Jo. Hari-Window) ; 4개의 마음의 창문

인간은 4개의 마음의 창문—조하리의 창(Jo. Hari-Window)을 통하여 비춰진 자기의 자아상에 대하여 깊은 관심과 자기개선의지를 가지고 인간관계를 확대하고자 한다.

4개의 마음의 창문이라는 모형을 처음으로 개발한 두 명의 심리학자 조셉 루프트(Joseph Luft)와 해리 잉햄(Harry Ingham)의 이름을 본따서(Joe + Harry = Johari) 조하리의 창이라 명명되었다. 이는 '퍼스낼리티'(personality)의 부문에서 다루어지기도 하고 커뮤니케이션의 부문에서 다루어지기도 한다.

그만큼 이 모형은 자기(전달자)와 타인(수신자) 사이의 동태적인 상호작용을 통하여 커뮤니케이션의 개선에 그리고 더 나아가 인간관계 개선에 도움을 주는 도구로서 이용되고 있다.

4개의 창문 즉 **유형 Ⅰ(open area ; 공개적 부분)**은 자기와 타인이 서로를 잘 알고 인간관계와 커뮤니케이션에 막힘이 없는 유형으로 공공영역이라고도 하는데 이 부분이 클수록 효과적인 커뮤니케이션과 인간관계가 원만해진다.

[도표 2-2] 조하리의 창

너 　　　나	내가 아는 부분	내가 모르는 부분
타인이 아는 부분	Ⅰ. open area (공개적 부분)	Ⅱ. blind area (맹목적 부분)
타인이 모르는 부분	Ⅲ. hidden area (비공개적 부분)	Ⅳ. unknown area (미지적 부분)

자료 : Joseph Luft, Group process : *An Introduction to Dynamics* (Mayfield Publishing Company, 1963), 1970.

유형 II(blind area ; 맹목적 부분)는 내가 자신에 관하여 잘 알지 못하고 오히려 타인이 나를 더 잘 알고 있는 경우이다. blind area는 장님(blind man)이 살고 있는 곳이다. 장님은 타인은 물론 자기자신이 어떻게 생겼는지조차 눈이 멀어 볼 수 없는 신세이기 때문에 남에게 노출되어 있는 무방비 상태이다. 자기자신은 성실하게 그리고 정직하게 살고 있는, 인간관계에서도 최선을 다하고 있는데도 몰이해로 생기는 문제점은 우리 주위에 너무나 많다. 상사가 생각하는 부하, 부하가 느끼는 상사의 모습을 상사와 부하가 서로 다른 입장에서 생각해 보아야 할 것이다. 스스로 성불이 되었다고 생각하는 수도승일지라도 신도에게 비춰진 모습은 아마도 멀었다라고 느끼면 이는 아직도 더 수도해야 한다. 사람들은 '자신이 모르는 맹점(blind spots)'들을 갖고 있다. 이상한 버릇, 특이한 체질, 이상성격, 인색한 마음, 아집, 상습적인 불평불만의 표현, 독설적 발언, 다언(多言) 등 내면적인 요소와 어울리지 않는 복장과 헤어스타일, 색조에 무감각한 옷차림 등의 외형적 요소들에 대하여 본인은 자각하지 못한 채 타인으로부터 빈축을 사거나 수근거름을 당하기도 한다. 여기에서 자기발견의 중요성을 인식하게 될 것이다. 개인의 목적이든 조직의 목표이든 나와 타인과 협동하지 않으면 안 되기 때문에 타인에게 비춰진 이미지(image)를 개선하려면 자기개발과 끊임없는 노력이 지속되어야 할 것이다.

유형 Ⅲ(hidden area ; 비공개적 부분)은 나는 타인을 잘 알고 있으나 타인은 나를 알지 못하는 상황으로써 남이 나를 알아줄 때까지 기다린다면 스스로 미덕이라고 생각할지 모르지만 현대와 같은 스피드시대에는 매우 불리한 상황이므로 대화를 갖고 자신을 정당하게 PR할 줄 알아야 한다. 우리의 삶은 지식보다도 경험이 중요하다. 현시대가 지식은 많으나 대화의 빈곤시대 속에 살고 있음은 올바른 경험(나만 상대를 아는 영역)을 주고받을 상대가 없다는 이야기이다.

상호 경험의 빈곤은 대화의 단절을 가져오며 대화의 단절은 개인을 고독, 불안하게 만들기도 한다. 여러 가지 이유에서 사람들은 자기 자신과 개인의 정보를 상대에게 알려 주기를 꺼려한다. 나 자신을 타인에게 공개한다는 것은 타인으로부터 약점 잡히거나 공격받을 위험성을 내포하기 때문이다. 나와 이해관계가 없거나 상호 추구하는 목표가 다르거나 나와 취급분야가 다른 업종에 종사하는 사람과는 차라리 속마음을 내보일 수도 있을 것이다. 그러나 같은 직장에서 일하거나 이해관계가 얽혀 있는 상황에서 일시적으로 우호관계에 있다고 하여 자기의 약점을 정직하게 말했다가 상황변경에 의하여 경쟁관계로 돌변했을 때 위험한 요인으로 작용할지도 모른다. 그러나 위험부담이 없고, 나에게 얼마나 의미있는 사람인가에 따라, 그리고 우리들 사이에 존재하는 신뢰수준에 따라 감수하려는 위험부담의 정도가 달라질 것이다.

한편 **유형 Ⅳ(unknown area ; 미지적 부분)**는 나도 너도 모르는 영역을 말한다. 결국 서로가 피해자가 되는 영역이다.

초면의 대인관계에서는 피차가 서로 열려진 창문(open area)을 통해서 상호경험을 교환하게 되면서 나만이 알고 있는 경험의 창문(hidden area)을 열고 대화를 하는 동안 타인의 이미지(image)가 타인만 아는 영역의 창문(blind ared)을 통해서 인간의 모습을 적나라하게 나타낸다.

나도 너도 모르는 영역의 창문은 심리학자들에 의해 연구되고 있으며 상담치료도 이 영역의 세계를 탐지해 나가고 있다. 자기 자신을 타인에게 표현함으로써 자신을 타인에게 이해시키고 자신이 스스로를 알지 못하는 점을 타인으로부터 지적받고, 자기를 보다 객관적으로 이해하게 된다. 인간은 무의식의 세계에서 그의 행동의 대부분을 지배받고 있는지도 모른다. 상호 오랜 생활을 같이 하는 동안에 서로 인지하기도 하고 '감수성 훈련'(S. T. : Sensitivity Training)이나 '인간관계훈련'을 통해서 행동과학, 상담 심리학, 정신분석학에서 얻어낼 수 있는 지식과 기법을 통하여 인간의 닫혀진 마음의 창을 활짝 열어서 자기의 정서와 타인의 정서능력을 배양하여 서로 이해하고 사랑하는 심리작용을 학습함으로써 바람직한 공공생활을 영위해 갈 수 있을 것이다.

2. 자아의 발견—타인은 나의 거울

동서고금을 통해서 가정교육부터 시작하여 모든 교육 특히 학교교육과 사회교육은 '나는 누구인가?' '참된 나(眞我)의 발견', 진실한 인간상의 정립에 그 목적을 두고 있다고 하겠다. 4개의 마음의 창문을 통해서 자신을 직시해 볼 때 그러면 나는 누구인가를 생각하면서 잘못되었던 지난날의 인간관계를 잠시 묵상하고 겸허하게 자신이 인지하는 바와 타인이 들려주는 충고를 비워진 마음에 반드시 채우고 말겠다는 각오를 가지고 인간관계를 함으로써 우호적이고 성공적인, 행복한 인생을 향유하여야 하겠다. 그러나 진정한 나를 발견한다는 것은 성인의 경지에 이르러서야 가능할지도 모른다.

[도표 2-3] 통찰에 의한 open area에 도달

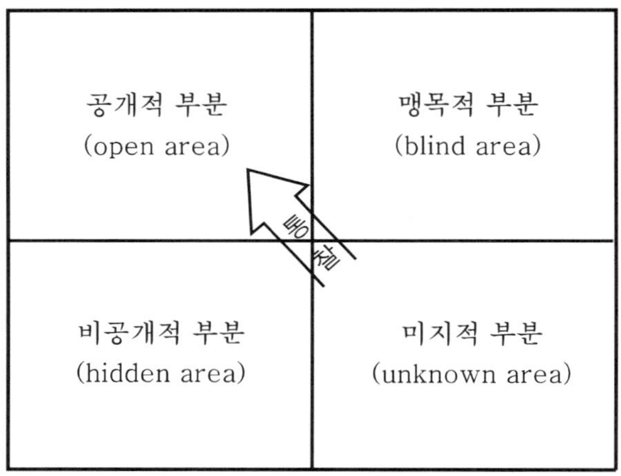

복잡다난한 물질만능의 사상과 한치도 양보할 수 없는 이해관계의 틀 속에서 참된 나(眞我)를 포기하고 '나' 아닌 또 다른 '나'가 지금의 나를 지배하기도 하여 현재의 나는 본래의 내가 아닌 삶을 살고 있으면서 초라한 나를 조금이라도 의식할 수 있다면 본래의 나로 돌아갈 수 있는 가능성이 있기 때문에 자기에게 해방된 자유인이 될 수 있을 것이다. 타인으로부터 개선해야 할 자기 이미지를 듣고 거부반응을 나타낸다면 자기성장을 기하기 어려울 것이다. 진실한 나를 발견하려고 자기와의 투쟁을 계속하면서 나름대로 힘써 살아온 빛도 없이 슬픈 인간관계 속에서 살다 간 위대한 인격자들의 '이름없는 의인'들에 의하여 역사는 존속 발전되어 나온 것이다.

상호 불행한 생활공간인 미지적 부분(unknown area)으로부터 바람직한 생활공간인 공개적 부분(open area)으로 새로운 정보의 이동을 촉진시키기 위하여는 애착과 관심(concern ; interest)을 가짐으로써 깨닫게 되는데 이러한 경우를 통찰(insight)이라 부른다.

지금까지의 설명해 온 4개의 마음의 창문—조하리 창은 Blind area-Hidden area · Unknown area라는 불안하고 불편한 인간관계를 지양하고 Open area로 전환함으로써 궁극적으로는 최상의 인간다운 생활을 하는데 목적이 있다. 인간이면 누구나 잠재의식 속에서 작동하거나 현실적으로 행동하고 있거나를 막론하고 성공적인 인생을 살고자 하며 행복해지기를 바라고 있다는 사실을 부인할 사람은 없을 것이다. 이러한 명백하고도 불변하는 인간의 욕구와 동기를 실현하기 위하여 인간관계라는 절대절명의 숙제를 해결하지 않으면 안 된다고 할 것이다. 그리고 성공과 행복을 목적이라고 한다면 커뮤니케이션을 유효적절하게 구사할 수 있도록 훈련되어야 한다. 따라서 원활한 커뮤니케이션을 가능하게 하는 것은 자신의 솔직한 자아개방(자기노출 ; self-disclosure)과 타인의 솔직한 피드백(feed-back)을 받을 때 가능하며 자아개방과 피드백 두 가지가 모두 있는 상황이 되면, 나 자신의 공개적 부분은 양쪽방향으로 증가하게 된다[도표 2-4]. 이 상황은 균형형의 대인간의 의사소통 유형이다. 이 유형의 주된 특성은 의사소통에 참여하려는 타인의 태도에 대하여 개방적이어야 한다는 것이다.

자아개방과 피드백을 통한 의사소통의 증대는 높은 업적으로 연결된다고 믿는다.[11] 조직에 있어서 효과적인 의사소통 유형이 중요한 기능을 다하여 대체로 균형형이 바람직하고 조직에 있어서 모든 관리자는 이 같은 방향으로 의사소통 자세를 바꾸어 나가야 할 것이며, 그렇게 하기 위해서 신뢰(trust), 개방성(openness) 및 수용성(receptiveness)이 중요함을 인식해야 한다.[12] 최초의 인간적 만남에서는 공개적 부분은 아주 좁았다. 상호간에 개방과 피드백이 거의 없었기 때문에 공통적으로 알고 있는 부분은 가장 좁았다[도표 2-5]. 이 상황은 비인간적 유형이라고 할 수 있다.

[도표 2-4] 균형형

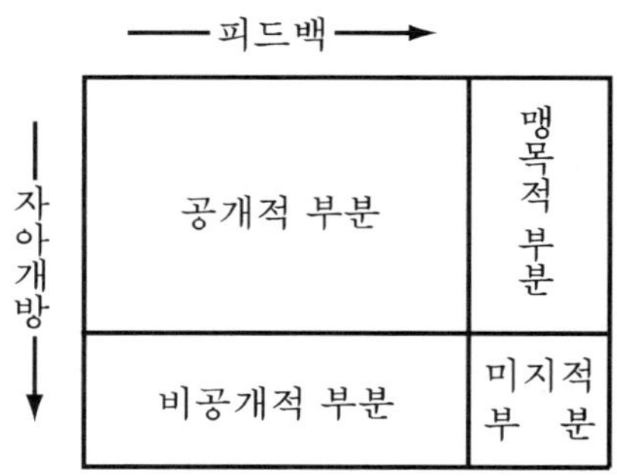

[도표 2-5] 비인간적 유형

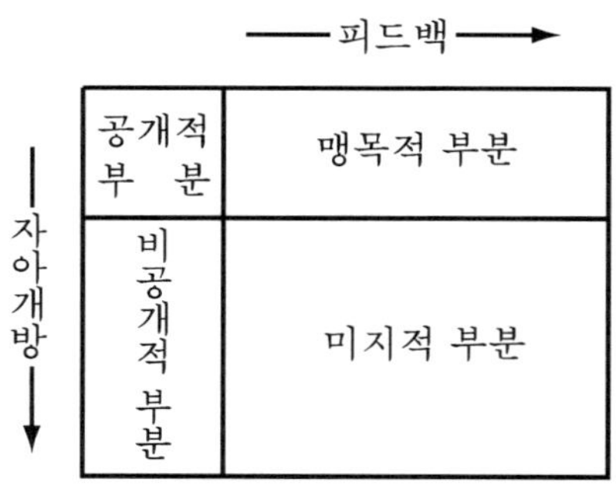

한편 자아개방은 싫어하고 타인이 해 주는 피드백을 좋아하는 정보탐색적인 유형에 위치한 관리자는 계속적으로 부하로부터 정보를 수집하기만 하고 거의 주지 않는 경향이 있다[도표 2-6].

11) A. D. Sxilagy, *Management and Performance*, Goodyear, 1981, p. 378.
12) A. Ellenson, *Human Relations*, Prentice-Hall, 1982(2nd), p. 36.

[도표 2-6] 정보탐색형

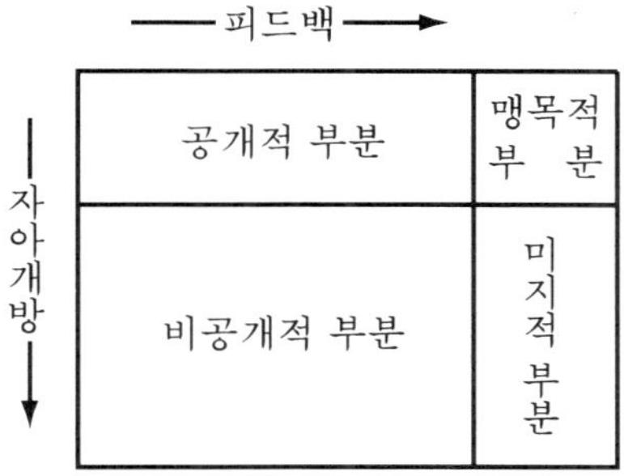

[도표 2-7] 전제형

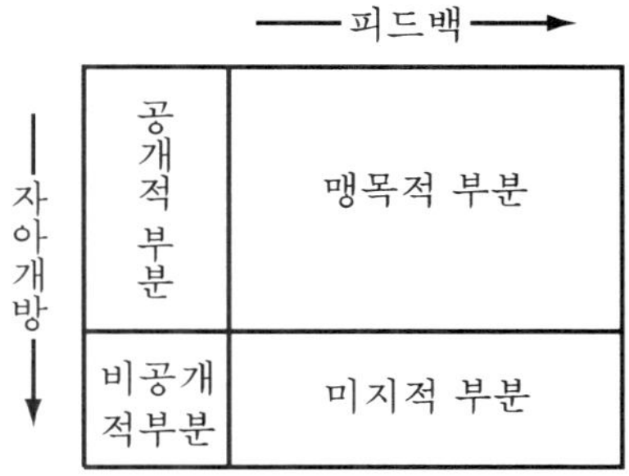

반면 자신의 의견의 가치에 관해서는 확신을 갖고 있으면서도 타인의 의견(피드백)은 불신하는 전제형이다. 타인에게 지시하고 명령하기를 좋아하면서 타인의 비판적인 의견이나 건의는 듣기 싫어한다. 이런 유형은 타인의 공헌을 활용하지 않으려 하기 때문에 타인으로부터 불안과 원한을 갖게 하기도 한다[도표 2-7].

자아개방과 피드백의 용어에 관하여는 보다 자세한 설명이 요구되므로 이하에서 상세하게 설명하겠다.

3. 피드백(feed-back)

피드(feed)라는 말은 '먹을 것을 준다'는 뜻이고 백(back)의 의미는 '돌아간다'는 의미이며, 이 두 단어를 합한 그 말의 뜻을 생각해 보면 어떠한 것을 먹여 주면 그것을 받아서 다시 되돌려 먹여 준다고 하는 뜻이라고 할 수 있겠다. 10명이 참가하는 그룹토의(group discussion)에서 자기를 제외한 나머지 9명은 모두가 자기 거울이 된다. 이러한 것을 일컬어 '너를 통해서 나 자신을 본다'고 한다. 나를 제외한 그 9개의 거울에 비추어진 그대로를 솔직하고 정직하게 직선적으로 느낌을 말해 주는 것을 피드백

(feed-back)이라고 하며 조하리 마음의 창문에 비추어진 나를 보게 되는 것이다.

(1) 피드백을 하는 입장, 받는 입장

피드백을 하는 입장에서 볼 때 피드백은 자기의 얼굴에 비친 그 사람의 상을 말하는 것이므로 그 사람에 대한 상은 자기의 주관이 많이 작용한다는 것을 이해해야 할 것이다. 한편 자기의 얼굴에 비친 그 사람에 대한 상이 그 사람 전체일 수는 없으나 어쩌면 그것이 일부분이면서 극히 적은 부분에 그칠 수도 있다.

피드백을 받는 입장에서 볼 때 자기가 평소에 알지 못하고 느끼지 못했던 면일지라도 이런 경우에는 숨어 있던 자기가 타인의 거울에 나타나게 된다. 그러나 상대편이 주는 잘못의 지적을 쉽게 받아들일 수 있다는 것은 높은 인격과 인내가 필요할 것이다. 자기가 아닌 자기를 타인이 이야기하더라도 이를 내재화해서 소화시킨다는 것은 참으로 어려운 일 중 하나일 것이다. 타인의 거울에 비추어진 잘못된 나를 지적받고 바로 그것이 자기자신이라고 깊이 느낄 때에야 비로소 자기는 성장하게 될 것이다.

감수성 훈련(인간관계훈련)의 생명은 바로 피드백을 받을 수 있는 인격을 키우고 이를 받아들여서 새 인간상을 정립하는 데 강한 동기가 되고 있는 피드백에 있다고 본다. 이러한 학습을 잘하기 위해서는 자연스럽게 피드백을 하도록 유도해 내느냐에 있다고 하겠다. 이러한 피드백을 활발하게 상호 주고받는 횟수가 많아지게 되면 많을수록 배움의 기회가 많다는 것을 의미하는 것이다. 주위에 좋은 친구를 많이 가졌다는 이야기는 마음을 털어놓고 이야기를 할 수 있으며, 개인의 문제를 서로 피드백을 받을 수 있다는 데 의미가 있는 것이다.

(2) 적극적 피드백과 부정적 피드백

적극적(positive) 피드백은 솔직하고 직선적인 느낌을 말해주는 것이므로 특별한 화술이나 꾸밈이 필요가 없다. 좋은 인간관계를 갖는데 있어서는 진실밖에 없으며 언어의 기교와 꾸밈이 소용이 없는 것이다. 상대방의 심정을 충분히 이해하고 존경하며 사랑하는 마음으로 말해야 하고 그 말을 그 사람에게 꼭 말하지 않으면 그 사람의 인간적 성숙에 도움이 될 수 있는 좋은 기회를 놓치게 되며 내게 있어서도 자신의 의무와 책임을 다하지 못하는 사람이 되는 것이라는 느낌을 가졌을 때 이야기해야 한다.

그러면 피드백을 받는 본인 뿐만 아니라 그룹멤버가 동시에 가슴에 맞닿는 고통을 느끼도록 하는 말이 되는 것이다. 새로운 것을 안다는 것은 자기의 심적 방위선을 헐어버리고 외부에서 오는 새로운 사실을 받아들이는 데서 배움이 이루어지며 개인의 인격은 크게 성숙되어 가는 것이다. 그러므로 다른 사람으로 하여금 마음을 아프게 하는 피드백보다는 마음을 북돋우어 줄 수 있는 긍정적인 피드백이 더 효과적일 수가 있다.

부정적(negative) 피드백은 속된 말로 상대방을 비방한다든지 헐뜯거나 비꼬아서 말하는 것이 아니고, 어디까지나 피드백의 기본정신에서 출발하여야 한다. 그렇다고 하더라도 일단 심리적인 저항을 느끼게 할 수 있다. 그러나 그 내용이 자기자신이 모르고 있었던 사실로서 타인에게 불쾌감을 주는 버릇을 지적받았을 때는 매우 큰 충격을 받을 수 있다.

그러나 결과에 있어 부정적 피드백도 긍정적 피드백과 같은 효과를 가져왔다는 실험결과가 있다. 단지 조심해야 할 것은 분위기가 갖춰지지 않은 데서 마음대로 피드백을 함으로써 사랑으로 주고받아야 할 피드백이 상대방의 기분만을 상하게 하는 경우가 발생한다는 것이다.

피드백을 허심탄회하게 받아들일 수 있는 좋은 분위기와 마음의 자세가 형성되어 있지 않은 상태에서 일방적으로 피드백을 함으로써 개인간의 갈등, 가정불화, 조직내의 병폐가 발생하여 어려움을 겪는 상태가 발생한다. 우리 사회의 풍토가 올바른 피드백을 주고받을 수 있을 때 명랑하고 밝은 사회가 오리라고 확신한다.

(3) 타이밍(timing)

모르는 사람끼리 만나서 결혼을 하고 가정을 이루고 사회조직 속의 울타리 안에서 같이 산다고 하는 것은 삶의 철학, 예술이라고 생각되어진다. 예술가는 선천적 소질도 있어야 하겠지만, 그보다도 절대적인 요소는 무대 위에 서기 전의 연습과정일 것이다. 삶의 예술도 이와 같은 것이다. 사람에 따라서는 사람을 만나는 것을 좋아하고 사교적인 사람도 있다.

그러나 우리들 주위에서 사람 만나기를 싫어하고 사람 만나는데 부담을 느끼는 사람도 있다. 그러나 물 없이 물고기가 생존할 수 없듯이 우리는 잠시도 인간적인 관계를 떠나서 살 수 없는 존재이다. 여기서 우리는 다른 사람과 같이 사는 삶을 배워야 하고 그 배운 것을 훈련과정을 통해서 내 것으로 만들어야 한다.

우리가 몸 담고 있는 조직과 직장생활도 마찬가지다. 신입사원일 경우에는 시집간 새색시 신세와 똑같다. 회사에 몸을 담은 이상 일을 충실히 하고 사규를 잘 지키며 상사를 잘 받들고 동료들과 화목하게 지낸다는 것은 누구나가 다 잘 아는 사실이다. 이것은 지시에 속한다. 그러므로 알면서도 잘 되지 않은 데서부터 문제가 생긴다. 근무 중 짜증날 때가 많고 불쾌하며 상사의 얼굴을 쳐다보기 싫어지고 또 부하들을 못살게 군다. 나도 모르게 또 안다 하더라도 어쩔 수 없는 경우를 당하고 산다. 그 원인은 모른다. 알 수 있다면 어릴 때부터 어린 시절의 성장과정에서 무엇인가 잘못된 것이라고 말할 수 있다.

우리는 여기에서 마음을 재조직(re-organization)할 필요가 있다. 후술하는 감수성 훈련(ST훈련 : sensitivity training) 또는 인간관계 훈련을 통하여 의사전달이 강의식의 지식전달이 아니고 가슴과 가슴이 서로 부딪치고 마음에서 마음으로 전달하며 인격과 인격이 조합하는 새로운 상황으로 삶을 구가하게 될 것이다. 인간과 인간이 모여 사는 삶의 예술로 발전, 승화될 수 있도록 하면서 진아의 발견과 정립의 기회를 갖도록 할 것이다. 짧은 인간의 삶을 예술작품으로 만들기란 그리 쉬운 일이 아닐 것이다.

4. 인생관(outlook on life)

인간의 성격은 고정적이고 불변하는 형태이거나 특성이 아니다. 알포트(Gordon Allport)는 성격은 완성된 어떤 산물이라기보다는 이행적(transitive)과정이다. 성격은 어느 정도의 안정된 특성을 갖는 반면 연속적인 변화의 특성도 함께 갖는다. 즉 성격은 자신의 주요한 관심사인 하나의 인간으로 형성되는 변화과정이다.[13] 따라서 자신에 대한 것을 많이 알고 자신의 결점을 고치기를 원한다면, 자신의 자아개념과 성격을 변화시킬 수 있다. 사람

13) Gordon Allport, *Becoming : Basic Considerations for a Psychology of Personality* (New Haven : Yale University Press, Inc. 1955 : Paperback : Colonial Press INC., 1960), p. 9.

의 외모가 변화하는 속도와 같이 사람의 자아개념과 성격은 자신이 겪은 성공과 실패, 칭찬과 꾸중, 행, 불행, 사람과 장소 등에 따른 경험에 의해서 영향을 받는다. 해리스(T. Harris)는 『자기긍정-타인 긍정(I'm Ok-You're OK)』이라는 책[14)]에서 녹음기에 비유해서 사람의 과거경험을 논하고 있다. 인간의 두뇌는 평생 동안의 모든 경험을 테이프에 기록하는 고성능 녹음기와 같이 작동하며 그러한 경험과 관련된 느낌마저 기록된다고 설명하고 있다. 인간이 자신이 현실적으로 알 수 있게 될 때, 수용과 성장이란 두 가지 단계를 거치게 된다. 불행을 느끼는 많은 사람들은 자신의 현재의 모습(as they are) 뿐만이 아니라 앞으로의 가능성(as they can be)의 측면조차도 수용하지 못했기 때문이다. 성장하기 위해서는 "나도 할 수 있다(as-I-can be)"는 태도와 함께 "나도 이제 잘 하고 있다(as-I-amright-now)"는 태도가 있어야 한다. 만일 우리가 "지금의 나(as-I-am-now)"에 대한 확인에서 그쳐 버리면 침체되어 성장할 수 없게 된다. 자아와 타인에 대한 수용은 그들에 대한 신뢰감과 인정감이 수반된다.

해리스(Harris)는 자신과 타인에 관련해서 가질 수 있는 네 가지 기본적인 입장과 관(outlook)을 정했는데, 이는 남들이 자기를 어떻게 보고 있으며 자기가 남들을 어떻게 보고 있는가 하는 두 개의 관점이나 태도가 그 정도(긍정·부정)에 따라 네 개의 유형이 형성된다.

---

14) Thomas R. Roges and Barry Stevens, *Persons to Person: The Problem of Being Human* (Moab, Utah : Real People Press, Pocket Book Ed. 1967). p. 1.

[도표 2-8] 자기와 타인 사이의 4가지 관계

1. 자기 부정-타인 긍정 : I'm Not OK-You're OK
2. 자기 부정-타인 부정 : I'm Not OK-You're Not OK
3. 자기 긍정-타인 부정 : I'm OK-You're Not OK
4. 자기 긍정-타인 긍정 : I'm OK-You're OK

(1) 자기 부정-타인 긍정

성숙도가 낮은 초기 아동기에 나타나는 보편적 입장으로써 영아기나 유아기에 가장 많이 발견된다.[15] 따라서 이 같은 자세는 타인에게 크게 의존하고 있으며 자존감(self esteem)이 낮은 사람의 태도이다.[16] 이 입장의 사람들은 우울하고 축 늘어지고, 소외되고, 능력이 없다고 느끼는 사람들로서 자기 비하로 인해 많은 시간을 타인들과 떨어져서 보내려 한다.[17]

이러한 입장에 있는 사람들은 긍정적인 지원이 끊어지면 자기 부정-타인 부정으로 태도를 바꾸게 된다.

이들의 대인관계는 지나친 열등의식으로 나중에는 근거없이 타인을 비방하게 된다.

(2) 자기 부정-타인 부정

5살 이후가 되는 어린이들에게 스스로 걷고, 기어오르며, 어떤 일에 몰두하기 시작하여 보살펴 주거나 물건을 집어서 줄 필요가

15) Thomas A. Harris, *I'm OK-You're OK* (New York : Harpers & Row, Publishers, Inc, 1966), p. 9.
16) J. W. Gibson & R. M. Hodgetts, *Organizational Communication : A Managerial Pespective* (Harcourt, 1986), pp. 72-88.
17) *Ibid.*, p. 118 및 A. Ellenson, *op. cit.*, p. 21.

없게 된다. 이러한 상태에서 만일 부모가 냉정하고 쌀쌀맞게 대하면, 충격을 받게 되며 타인의 도움을 받지 못하여 그들의 생활은 무의미한 것으로 생각되고, 위축되며, 결국에는 정신적으로 극도의 자포자기상태에 빠지게 된다.[18]

전체적으로 부정적인 이 자세는 나쁜 자세이므로 집단에서 제거되고 정신분열증 현상을 일으키게 한다.

이들의 대인관계는 공격적이고 책임회피로 나타난다.

(3) 자기 긍정-타인 부정

이 단계는 어린이가 부모들의 차가운 태도로 인해서 호전적으로 바뀌는 상황이다. 해리스(Harris)는 단계를 '범죄적 단계'라 규정하였다. 그는 '어린이가 고통스러운 상처로 인해 고생하는 동안에 생긴다.'[19] 고 하였다.

이러한 사람들은 다른 사람을 경시하고 자신이 '다른 사람들보다 우월하다고 믿는 자세이다. 뿐만 아니라 더 나아가 의사소통을 할 때 상황을 통제하고 대화를 지배하며 권력을 장악하려고 한다..' 따라서 유아의 '어른'적 자세의 첫번째 기능 중의 하나인 이같은 자세가 지나치면 범죄행위를 저지르게 된다.

이들의 대인관계는 우월의식에 사로잡혀 배타적이 된다.

(4) 자기 긍정-타인 긍정

이 단계는 심리적 정서적 성숙도(emotional maturity)가 가장 높은 자타긍정의 자세가 가장 바람직하고 어른과 어른(Adult-Adult)의 의사거래를 가장 잘 닮은 자세라고 제언하고 있다.[20]

---

18) Thomas A. Harris, *op. cit.*, p. 47.
19) *Ibid.*, pp. 48-49.
20) R. M. Hodgetts, *Human Relations at Work*, Dryden Press, 1948, p. 87.

이 같은 결론은 인간관계론의 기본이고 목표이기도 할 것이다.

이들의 대인관계는 타인을 존중할 줄 알고 개방적이며 절제된 언행으로 타의 모범이 되는 단계라 할 수 있다.

5. 정신적 장애의 이해

조직에서 이상행동을 보이는 자들에 대한 이해 또한 필요하다. 개인차가 있겠지만 어떠한 이유에서건 정신적 장애를 보이는 사람들이 우리 나라에서만도 100만명을 넘는다고 하니 조직생활에서의 이러한 부류의 사람들에 대한 분석 및 이해가 필요한 것이다.

(1) 이상행동의 원인[21)]

1) 심리학적 원인

① 정신역동적 모형 : 불가능한 욕망, 충동, 갈등이 무의식의 일부로 남아 있는 형태로써 현실세계와 개인의 의식과 괴리가 커져 부적응행동으로 나타난다. - 주로, 강박행동으로 나타난다.

② 행동주의적 모형 : 적응행동을 습득하지 못하고 부적응적 행동으로만 나간다. 주의환경에 대해 기계적으로 반응한다.

③ 인간주의 심리학모형 : 자아방어가 지나쳐 현실과의 접촉능력 상실시 나타난다.

2) 사회문화적 원인

빈곤, 성차별, 치열한 경쟁으로 인한 정신장애 - 농촌보다는 소

---

21) 상게서, pp. 102-104.

득수준이 낮은 대도시, 이혼자, 독신자 등이 주로 해당된다.

3) 가정환경적 원인

결손가정, 부도덕한 가정, 빈곤가정이 원인이며, 부모의 양육방식에 일관성이 없거나 독재적일 때 및 방임적일 때 나타날 수 있다.

4) 생리학적 원인

자율신경계의 결함-신경전달의 장애에 해당된다.

(2) 이상행동의 종류[22)]

① 불안장애 : 유난히 민감, 지속적인 긴장, 노이로제상태를 말한다.

- 단순공포증 : 특수대상(뱀, 쥐, 높은 곳, 어두운 곳)에 대한 공포
- 사회적 공포증 : 여러 사람 앞에 서면 떨거나 당황하여 말더듬이 생김
- 광장공포 : 넓은 공간, 군중 속을 두려워함
- 강박장애 : 스스로 억제가 안됨(미신적인 것, 청결에 관한 것)

② 정서장애 : 사업실패, 사랑하는 이가 죽었을 때 대체로 나타난다.

③ 정신분열장애 : 유전적 요소가 강하나, 가족간의 적대적일 때 나타나고, 현실접촉상실, 과대망상, 사고/지각의 장애로 나타난다.

④ 편집증적 장애 : 한가지에 집요하고, 극적이고, 지속적이다.

22) 상게서, pp. 105-115.

이들은 주로 체계적이고 논리가 정연하다. 의처증, 의부증, 피해망상 등이 해당된다. 또한 발명가, 혁명가, 범죄자에 많이 나타난다.

⑤ 성격장애 : 현실생활에 잘 적응하나 주변사람에게 고통을 주고 죄책감이 없다. 자신의 행동을 고치려고 노력하지 않는데 문제가 있다.

⑥ 반사회적 성격장애 : 가출, 외박, 도둑질, 문란한 성행위, 사기, 잦은 거짓말, 과속, 음주운전, 2회 이상의 이혼, 채무불이행 등이 해당된다.

⑦ 해리성장애 : 일시적인 장애로 과거와 완전 분리된다. 기억상실증, 둔주(새로운 성격, 환경, 직장을 만들어 살며 방황지속), 다중성격(잦은 성격교체), 이인증장애(자신의 행동, 신체, 현실 등을 자신의 것이 아닌 것으로 간주-넋잃은 사람) 등이다.

⑧ 물질사용장애 : 코카인, 알코올, 신경안정제 등의 중독으로 인한 장애를 말한다. 아직 우리나라는 심각한 상황은 아니나 증가 추세에 있다.

⑨ 은폐자 : 하루종일 컴퓨터 앞에 앉아 있고 다른 사회활동을 거부한다. 심각한 PC중독으로 사망에 이르기도 한다.

〈도움되는 사례 2장〉

(1) 커뮤니케이션의 방해유형

부정적인 생각을 가지고 있는 사람들의 말은 이야기를 듣는 사람으로 하여금 마음을 무겁게 한다는 말이 있듯이, 비로소 이 모든 것의 해답을 알게 되었을 때 많은 사람들의 관심도 집중시킬 수가 있는 능력을 갖춘 최고의 커뮤니케이터가 될 수가 있을 것이다.

특히 다음과 같은 유형들을 통해 그동안 자신의 커뮤니케이션 방식을 솔직하게 파악해 보고, 과연 어떠한 영향을 미쳤는지를 살펴볼 필요성이 있을 것이다.

1. 잘난 척 하는 사람

자신의 우월감을 돋보이도록 스스로 떠들어대기보다는 반대로 상대방을 치켜세우며, 자신의 장점에 대해서는 겸손한 태도를 보임으로써, 자기 자신을 은연중에 드러내는 방식이 좋다.

2. 논쟁을 좋아하는 사람

친밀한 인간관계를 유지하기 위해 상대방을 고려하여 틀린 점을 지적하되, 계속해서 반박을 해서는 안 된다.

3. 불평을 늘어놓는 사람

자기 반성이 없는 상태에서 하는 불평은, 주변 사람은 물론이요 자신에게도 그리 긍정적인 효과를 가져오지 못한다.

4. 지나치게 판단하는 사람

부정적인 의견과 감정 조절을 잘 하지 못하는 인식을 심어주는 행위는, 매우 적절하게 취하여야 한다.

5. 남의 말에 끼어드는 사람

상대방이 말을 마치고 적어도 한 박자 정도 숨을 쉬고서 말을 시작하는 것이 좋다.

6. 지나치게 동정심을 사려는 사람

상대방에게 지나친 동정심을 이끌어내서 관심을 집중시키겠다고 하는 의도는, 오히려 상대방을 불편하게 만들 수가 있다.

7. 뒷말이나 험담을 하는 사람

당사자가 없는 곳에서 그에 대한 뚜렷한 근거가 없는 평가를 하는 것은 매우 비겁한 언어 습관이다.

(2) 효과적인 커뮤니케이션

보통 사람은 1분에 15개의 단어를 말하는데 반해, 1분 동안에 생각하는 단어는 600개 정도나 될 정도로 말하는 속도보다 무려 4개나 더 빨리 생각하고 있다는 보고가 있듯이, 보다 호소력이 있고 효과적인 의사소통을 하기 위해서는, 무엇보다도 당신의 생각과 말과 몸짓을 최대한으로 배려하여 듣는 이의 주목을 끌 수 있도록 해야만 할 것이다.

대개 사람들이 반응을 보이는 55%의 이유는 신체 표현 때문이고, 38%는 음성 표현 때문이며, 나머지 7%는 단어 표현 때문이라는 말이 있듯이, 커뮤니케이터들은 이러한 사람들의 마음속 깊이 새겨져 있는 절대적인 영향력을 명심해야만 할 것이다.

또한 사람들은 평생 동안 정보의 85%를 시각으로 수집하고,

7%는 귀로 들으며, 3.5%는 코로 냄새를 맡아서, 1%는 혀로 맛을 봄으로써 수집한다는 조사가 있는 것처럼, 만약에 당신이 어떤 사람을 만났을 때, 당신이 환대를 받게 될지 배척을 받게 될지는, 약 3~5분 동안에 이미 결정이 난다는 사실을 명심해야만 할 것이다.

그래서 적어도 외모, 자세, 제스처, 시선 교류, 얼굴 표정, 목소리, 군소리, 끌어들이기, 질문 다루기, 유머, 타인 소개, 시각적 자료에 꾸준한 관심을 갖추어야 하며, 일종의 남을 끌어들이기 위한 테크닉을 구사하기 위해서라도, 사람들의 이름을 불러주고, 질문도 하며, 대답을 들어가면서, 다른 사람들의 흥미거리에 대해서도 이야기를 나누는 방법을 통해, 점차 사람들을 대화 속으로 끌어들이려는 방법을 활용해 나가야만 할 것이다.

특히 유머의 사용은 청중들을 편안하게 해주고, 그들과 친숙해지는 데 주로 활용이 되며, 당신이 보다 심각한 내용으로 나아갈 때 청중들로 하여금 정신적인 무장을 할 수 있게끔 하는 교량 역할을 하게 되므로, 자칫 지루해지기 쉬운 장시간의 프리젠테이션일 때 매우 효과적일 것이다.

아울러 다른 사람을 소개하는 데에서 당신이 남에게 첫 인상을 남길 수가 있으므로, 그럴 경우에는 타인의 장점을 진지하게 인정해 주면서, 그들을 매우 친숙하면서도 부담없게 느낄 수 있도록 만들 기회를 갖는 것이 중요하며, 이처럼 더욱 격려하고 적절하게 고무시킬 수 있는 화법의 사용은 인간관계와 비즈니스에 있어 순수함과 진실을 통한 '신뢰 정도'를 높여 나가는 척도가 될 수 있을 것이다.

나아가 시각적 자료는 회의실에서 사용할 뿐만 아니라 일 대일 대화에서도 사용이 되고 있는 실정이며, 이를 통해 듣는 이의 감각에 보다 큰 영향력을 미칠 수가 있을 것이므로, 앞으로 이 분야에 대해서 연구하고 공부하는 데 할애한다면 훨씬 더 효과적인 커뮤니케이션에 대한 기술을 증강시켜 나갈 수가 있을 것이다.

■ 구어투와 문어투의 차이점

1. 구어는 문어(글말)보다 구조면에서 보다 간단해야 한다.
2. 구어는 보다 특색이 있어야만 한다. 그렇지 않으면 그것은 다소 진부하게 들린다.
3. 구어는 좀더 반복적인 것이어야 한다. 듣는 이가 기억하기를 원하는 핵심을 몇 번 더 다시 언급하는 것이 중요하다.
4. 구어(입말)는 듣는 이에게 쉽게 그리고 즉시 이해되는 것이어야 한다. 듣는 이가 잘못 이해를 한다면 다시 되돌리거나 다시 읽을 수가 없다.
5. 비유하는 말은 구어에 생기와 활력을 더해 준다. 다채롭고 묘사적인 말은 특색이 없는 말을 기억할 만한 말로 바꿔준다. 링컨은 미국을 두고 '자유가 넘치는 나라'로 묘사했다. 보그바너사의 회장인 J. F. 비어는, 계발되지 않은 인간 자산을 '무한한 잠재력을 갖고 있는 감겨진 스프링'과 같다고 묘사를 했다.

■ 리더자와 경영자의 커뮤니케이션 기술

1. 경청하면서 의사소통을 해라.
2. 당신이 기대하는 바를 알려라.
3. 당신이 믿고 있다는 것을 알려라.
4. 믿음과 사명과 기대하는 바를 알려라.

5. 일에 대한 재미와 행복감을 알리도록 하라.
6. 서로 협조하는 것이 중요하다는 것을 알려라.
7. 당신의 자비와 인정을 다른 이들에게 알려라.
8. 인간은 누구나 실수할 가능성이 있다는 것을 알려라.
9. 자비를 베푼다는 것은 상대방에 대한 일종의 인정이다.
10. 부모와 같이 보살피고 있다는 사실을 솔선수범해서 알리도록 하라.

제 3 장

인간관계와 시간관리

21세기의 환경변화에 적응하는 새로운 시간문화를 만들기 위해서 우리는 정보화시대에 걸맞는 시간관과 시간문화를 창조해 가야 한다.

시간을 중요한 전략적 자원으로 인식하고 상대방 시간에 대한 존중, 공공시간에 대한 존중, 약속시간의 철저한 이행, 시간활용에 대한 계획 및 생활화로 새로운 코리언 타임(Korean time)의 문화를 창출하여 '한국인은 시간 약속을 가장 잘 지키는 시간관념에 투철한 사람들'이라는 평가를 받을 수 있어야만 선진국 대열에 참여할 수 있을 것이다. 인간관계는 시간과 장소라는 범주 안에서 이루어지는 산물이기 때문에 시간관리는 만사의 기본 단위인 것이다.

'나와 너'의 관계는 시간적인 좋은 합일에서 결정되기 때문이다.

기업에서는 고객의 대기시간을 단축시켜 주거나 고객이 원하는 타이밍(timing)에 부응하여 고객만족을 높임으로써 '차별화전략'

으로 연결시키고 있다.

미국의 파고은행(Fargo bank)은 고객이 5분 이상 대기하면 5달러씩 지체보상금을 지불하고 있다. 건설업계에서는 발주자와의 계약시에 시간 지체에 대한 기회손실 보상규정을 넣고 있다. 이러한 것을 관공서 대민업무 등 사회 전 분야에 걸쳐 확산되고 시간관에 대한 인식제고를 통하여 신속하고 정확하고 근면한 국민상으로 발전되어야 하겠다. 시간관리란 곧 자기관리이며 생애관리이고 그 속에서 자아를 실현하는 과정이다.

제 1 절 시간의 개념

1. 시간의 특성

(1) 객관적 시간

하루 24시간(1440분)은 누구에게나 똑같은 분량으로 소유되고 있기 때문에 객관적이고 물리적이다. 모든 인간은 어느 시기에는 시간내에서 자기가 이루어 놓은 결과에 따라 심판을 받는다. 이처럼 공평하게 주어지는 시간은 결국 사용자의 의지와 사용기술에 따라 그 가치가 달라지게 될 것이다. 시간은 저축할 수 없기 때문에 시간자원은 사용하지 않으면 재고로 남지 않고 사라지게 된다. 때를 놓치면 기회도 사라진다. 시간은 매매할 수 없는 자원이기 때문에 억만장자라도 인생의 시간 재고가 얼마 남지 않은 노인에게는 가난한 젊은이의 청춘이 부럽다. 돈을 내고 인생을 연장할 수 있다면 이제까지 벌어놓은 전 재산을 지불할 사람들이 적지 않을 것이다. 따라서 돈을 벌기 위해 노력하는 이상으로 시간을 창조하기 위해 노력하는 사람이 성공적으로 사는 인생일 것이다.

(2) 주관적 시간

시간은 사람에 따라 전혀 다르게 경험하기 때문에 주관적이요, 심리적이며 문화적 시간으로 구분할 수 있다. 즐거운 시간은 짧게 느껴지고 괴로운 시간은 길게 느껴진다. 심리적 시간의 차이를 인식하지 못하는 사람은 상대방의 시간 만족도를 측정할 수 없기 때문에 좋은 인간관계를 유지하기 어렵다.

도스토예프스키는 28세에 내란음모의 혐의를 받아 사형선고를 받았다. 무섭게 추운 겨울날 사형을 받기 위해 형장으로 끌려가 기둥에 묶여졌다. 사형집행시간까지 땅 위에 살 수 있는 시간이 5분 남아 있었다.

28년간 살아 왔지만 이렇게 단 5분이 절박하고 천금같이 느껴지지 않을 수 없었다. 5분을 가장 효과적으로 사용하는 방법으로 2분은 이제까지 살아온 과거를 정리하는 데 쓰기로 하고 또 2분은 형장에 끌려온 동료에게 마지막 인사를 한마디씩 하는 데 쓰기로 했고 최종 1분은 오늘까지 살던 땅과 하늘과 자연을 한번 둘러보는 데 쓰기로 하였다.

28년간의 세월을 순간순간 아껴 쓰지 못한 것이 참으로 후회가 되었다. 이제 다시 한 번 살 수 있다면! 그는 깊은 뉘우침에 사로잡혔다.

그러자 탄환을 총에 재는 소리가 들렸다. 그는 죽음의 공포에 떨었다.

바로 그때였다. 순간 형장내가 떠들썩하더니 한 병사가 흰 수

건을 흔들면서 달려오고 있었다. 황제의 특사령을 가지고 왔던 것이다.

그는 풀려나 인생의 문제에 대해서 깊은 생각을 하면서 살았다. 그러면서 그는 마지막 5분 동안 절실하게 생각되었던 시간을 항상 염두에 두고 금쪽 같은 인생을 소중하게 아끼면서 살았다. 그는 가난한 생활을 하면서도 인생에 대한 깊은 통찰을 가지고 『죄와 벌』, 『카라마조프가의 형제』들과 같은 불후의 작품을 많이 남겼다.

우리는 모두 다른 시간감각(심리적, 주관적 감각)을 가지고 살아간다. 그러나 우리는 시간의 귀중성을 모두 인정한다.

무한대의 우주공간과 시간 속에서의 인간의 삶이란 한 찰나에 불과한 것이다. 그렇다면 이 도스토예프스키의 마지막 5분을 음미할 수 있을 것이다. 시간의 연속성은 역사적 시간개념과는 달리 과거 현재 미래의 일을 잘 연결시킬 수 있는 능력과 관계한다.

"개구리 올챙이 시절 모른다"는 말은 시간의 연속성을 망각한 것을 두고 하는 말이다. 시간 연속성이 잘 발달한 사람은 세대차를 잘 이해하고, 역사적인 사건을 통해 현재를 이해하고 미래를 예측할 수 있는 안목이 생김과 동시에 이해의 폭이 넓어질 수 있다.

(3) 문화적 시간

라틴문화권에서는 한창 태양이 뜨거울 때면 낮잠을 자는 '시에스타(Siesta)'라는 것이 있는데 환경에 대한 적응이지만 이는 느슨한 시간관을 나타낸다. 우리 나라는 4계절인 봄, 여름, 가을, 겨울의 변화에 대한 시간감각이 시간관의 기초가 된다. 에스키모인들에게는 여름과 겨울이 시간관의 기초가 된다. 산업사회의 경영자들은 생산을 가속화하는 방법에만 골몰하여 '일의 노예', '일 중독자'가 양산되고 '과로사'와 같은 폐단이 발생하였다. 이제는 신세대를 중심으로 직업선택의 기준에서 '급여보다는 근무시간'에 더 큰 비중을 두고 있다.

시간을 중심으로 한 문화(time based culture)를 조성하고 시간창조를 위한 조직구조의 변경, 첨단기술을 활용 등 종합적이고 대응책을 갖추고 전 사원이 함께 참여할 때 달성할 수 있다.

가정에서도 시간창조의 기술을 도입하여야 하는 이유는 단지 경제적 성과를 높이려는 것이 아니라 가족 구성원들이 여유있게 인생을 즐기고 삶을 풍요롭게 하려는 데 있다.

2. 정보화 사회의 시간전략

오늘날의 기업경영에서는 전통적인 경영자원이나 경영기법을 가지고는 새로운 환경에서 생존하기 어렵기 때문에 가치체계의 전환을 요구하고 있다. 우선 기업은 환경변화의 복잡성과 신속성에 대응하기 위해서 전통적인 경영자원인 인력(manpower), 자금(money), 물자(materials)에 새로운 경영자원인 정보(information), 기업문화(corporate culture) 그리고 시간(time)을 추가해야만 한다.

정보의 수집과 평가, 활용에 관한 전반적 정보관리 지식과 기업의 혁신을 꾀할 수 있는 밑받침이 되는 긍정적이고 생산적인 조직풍토(organization climate)로서 기업문화의 뒷받침이 보장되어야 하며 그 다음 새롭게 떠오른 경영자원은 시간자원이다. 이처럼 정보화 사회에서는 정보를 중심으로 한 전략, 문화를 중심으로 한 전략, 그리고 시간을 중심으로 한 전략(time based strategy)이 경영전략의 새로운 가치체계의 핵심을 이루고 있다.

세계적인 우량기업들이 성공의 비결은 '시간'을 전략적 자원으로 활용한다는 점이다. 품질면에서의 부가가치 향상이나 기능상의 우위뿐만 아니라 고객의 시간 만족을 충족시켜 주는 것이 성장의 요인이 되고 있다.

시간전략을 탄생시킨 가장 큰 이유는 고객들의 까다로운 욕구 때문일 것이다. 오늘날 고객들은 '신속한 공급', '다양한 상품'이라는 서로 상충하는 욕구를 함께 요구하고 있다. 시간전략의 초점은 경쟁우위의 확보, 환경적응력 향상, 고객만족, 경영혁신에 두고 있다.

소비자 자원은 화폐, 공간 및 시간이다. 한국의 기업들은 마케팅전략이나 경영전략을 가격과 품질에만 초점을 두어 소비자의 화폐자원에 대해서는 민감하게 대응해 온 반면 공간 및 시간자원에 대해서는 둔감하게 대응해 온 것이다. 사회가 선진화할수록 소득수준이 향상될수록 공간 및 시간에 대한 욕구가 더 커지고 있는 것이다.

지금은 경영의 관리적 자원(3M)으로부터 무형의 전략적 자원인 정보, 문화, 시간의 활용여부에 따라 승패가 결정될 것이다. 전략적 자원은 다른 경영자원과의 결합에 의해서 상승효과(synergy)를 낼 수 있기 때문이다.

시간전략은 사원의 복지사원으로 기여된다. 사원들이 창조한 시간은 기업의 성과에 기여할 뿐만 아니라 그 성과는 사원의 '여유시간'으로 연결되는 것이다. 회사에서 일한 대가를 급여와 보너스 등 화폐로 받아왔지만 정보화 사회에서는 시간가치가 중요하기 때문에 여유시간을 요구하는 경향이 늘어나고 있다.

지금까지의 '영점 가장'에서 탈피하여 가족들과 단란하게 보낼 수 있고 자녀교육에도 더 많은 시간을 할애할 수 있다. 시간전략은 시간의 흐름을 미래-현재-과거의 순으로 바꾸어 가야 한다.

개인의 행동, 기업의 활동은 미래지향적인 목표와 비전에 뿌리를 박고 있어야 한다. 축적된 정보를 지속적으로 검토하고 분석하면서 "경영은 미래의 시간을 관리하는 것이다"라고 생각하는 것이 중요하다.

'90년도 전세계 제조업체 중에서 매출 2위, 순이익률이 1위인 쉘(Shell)은 세계정치, 경제상황의 20년을 내다보고 '예측 시나리오'를 작성하고 대응전략을 구상하고 있다. 지속적인 세계로서 경쟁을 극복하고 협력적인 지구환경을 형성하는 것이고, 다른 하나는 범세계적인 상업주의로 경쟁의 심화, 냉전종식에 따른 국제질서가 문란해지고 지역문제가 심화된다는 것이다. 쉘은 이러한 시나리오에 근거하여 기업의 대응전략을 마련하고 있는 것이다. 시간전략은 여러 가지의 기본단계가 요구된다.

먼저 직무분석을 통해 가능한 한 이동범위를 축소시킨다. 이동요소와 동작반경분석을 해본다.

둘째는 시간사용을 분석하되 시간가치(time value)와 시간비용(time cost)의 분석, 시간지연 요소의 분석 및 해결방안을 작성한다.

셋째는 과업의 우선순위와 빈도의 분석, 유기적 조화를 위한 전체작업반경의 총체적 분석 등을 통한 일의 표준화를 꾀하는 것이며, 넷째는 목표 및 계획 선정에 따른 주기적인 평가를 위한 시간분할을 실현해야 한다.

시간문화의 정착을 위해 조직풍토의 혁신을 위해서 '시간은 돈이다'라는 사훈 아래 초(second)관리 운동을 전개하고 있는 모사회의 사례를 든다.

하루 8시간의 일과는 28,800원 초로 부른다. 연봉은 720만 초로 쪼개어 간부의 초당 임금 평균은 5원이고 평사원은 3원으로 환산하여 작업과 관련되지 않은 행동을 자제하게 한다.

'초관리운동'의 실시는 사원들이 하루 28,800초를 일하고 있지만 정작 소득과 관계된 실제의 행동은 8,000초에 불과하다는 조사결과에서 비롯되었다. 초관리운동은 전사원의 자발적 협조로 조직풍토에 시간문화를 정착하여 전보다 싼 가격으로 공급한 성공의 결실을 거두고 있다.

제 2 절 시간과 인간유형

1. 시간 소비형과 시간 창조형

(1) 시간 소비형 인간

일을 처리함에 있어서 사전계획이 없고 시간에 끌려다니며 그때 그때마다 부딪치는 일을 마감시간 없이 일하는 사람이다. 일에 착수하기 전에 지체시간이 길다. 차분하게 일처리를 하기도 하지만 자칫 나태함과 무기력함을 나타내는 경우가 많다. 성격탓도 있지만 일처리 방식을 터득하지 못했거나 자신감이 없을 때, 또는 목표의식이 불분명한 사람에게서 나타낸다. 이러한 사람을 시간파괴형 인간이라 불러도 좋을 것이다.

상사의 지시나 조언이 없으면 일을 못하는 수동적, 소극적 성향 때문에 속도에 의한 관리(management by speed)라는 상황하에서는 도태되게 마련이다.

(2) 시간 창조형 인간

시간자원에 대한 사전계획 능력과 기법들에 정통하여 높은 생산성을 올리고 자기분야에서 프로가 되기를 원하며 일을 찾아서 하는 능동적, 사업적 능력의 소유자이기 때문에 시간사용에 대한 부가가치를 창출하므로 이런 인재를 '인재(人財)'라고 말하며 기업에서 가장 선호하는 사람이다.

과업중심형이어서 추진력과 박력이 돋보여 일의 하자나 오류를 어느 정도 감수하면서까지 계산된 모험을 하는 성향이 있다. 이를 다른 말로 시간전략형 인간이라고도 말한다.

2. 업무와 휴식의 구분

인생의 길에서 시간을 탕진하게 하는 최대의 적은 타성과 무기력이다.

우리의 모든 삶 속에 타성과 무기력, 권태, 좌절감이 시시때때로 엄습하여 유한한 인생을 그나마 갉아먹히고 고귀한 삶을 해치는 것이다.

다양한 욕구와 이해를 가진 사람들이 살고 있는 현대 산업사회의 현실은 즐거울 수만은 없는 것이다. 아니 고통과 공허감과 권태감은 많은 사람들에게 공통의 문제점으로 대두되고 있는 것이다. 우리는 성취와 실패의 연속적인 삶을 살아간다. 타성과 무력감의 만성적인 환자가 아닌지 자가진단해 볼 일이다.

늘 신선하고 활기찬 삶을 살 수 있다면 얼마나 행복할까? 아니 삶이 끝없는 축제같이 느껴질 수는 없는 것인가?

우리의 삶의 운영방식은 각 사람마다 독특성이 있고 매우 다르다.

삶의 운영은 그 사람의 가치관과 신조 그리고 태도에 의해서 크게 영향을 받는다. 그래서 모든 사람에게 다 적절히 적용되는 이상적인 삶의 방법은 없으며 스스로 발견하지 않으면 안 된다.

다만, 몇 가지 방법을 제언하는 데 불과하다.

업무활동(work activity)과 휴식활동(leisure activity)을 구별하여야 한다. 일과 휴식에 대한 올바른 견해를 갖는 것이 중요하다.

일에 대한 불평불만이 자신의 신체나 정신건강에 얼마나 악영향을 주는지를 알아야 한다. 생계 때문에 하기 싫은 일을 울상이 되어 일에 매달려 사는 일 중독자가 많은 것이다. 일에는 의도적이고 기쁨의 요소가 있어야 한다. 우리는 자신이 하고 있는 일에 의미를 부여하고 자발적이고 명랑하게 일해야 한다. 일 자체가 우리에게 의미를 부여해 오지는 않는다.

의미를 부여받지 못할 만큼 무의미한 일이란 이 세상에는 없다. 우리가 감사할 조건만을 헤아려 본다면 기쁨을 주지 못하는 일은 없다. 이 세상에 참으로 불행한 사람은 일을 가지지 못한 사람이다.

한편 휴식은 일과 대등한 위치에 있다.

현대인들이 자기의 개인일이나 업무에 관련된 스트레스에서 벗어나기를 배우지 못한다면 그것은 내적으로 유해한 결과를 가져와서 일의 효과와 효율을 크게 떨어뜨린다. 긴장을 완화하기 위해서 좋은 음식을 먹을 때 맛을 즐기기를 배우라. 자기 업무 외에 자신의 삶을 풍부하게 하는 영역 한 가지 이상을 개발하라. 사실상 아무 프로그램도 짜지 않은 한가하게 쉴 수 있는 휴가를 마련하라.

건강전문가는 매시간마다 2-3분 쉬는 것이 좋다고 한다. 그때 사무실이나 복도를 걸어도 좋고 커피타임을 갖는 것도 지혜로운 것이다.

점심식사 후 10-15분 누워 있는 것은(의자에 비스듬히) 1-2시간 일을 더 할 수 있는 체력을 기른다. 아침 뿐만 아니라 저녁의 조용한 경건의 시간은 긴장을 완화시키고 고통스런 영혼을 쉬게 한다. 아침에 기분이 좋으면 하루종일 일이 잘 풀린다. 하루종일 신선하고 정력적으로 일하기 위해서는 자신의 미래(vision)를 생각해 보기를 즐거워하라. 목표가 이미 달성된 것으로 보라. 이미 성취된 것처럼 시각화하는 연습을 하라. 리듬있는 생활은 신선감을 더해 준다. 매일 똑같은 모양과 방식으로 산다는 것은 자신이 즐길 수 있는 생의 기쁨과 진보의 만족감을 포기하는 것이다.

이제까지 우리는 시간관리는 자기관리이며 생애관리로서 자아실현의 과정으로 풀이해 왔다. 자아실현의 궁극적 목표는 총체적 인간(whole man)이 되는 것이며 사회가 요청하는 것도 이와 같은 인간상이다.

혼자서는 일을 잘 하지만 남과 협동하지 못한다든지, 지식은 많은데 남을 존중할 줄 모른다든지, 이론에 밝은데 실행은 없다든지, 실력은 있는데 진실하지 못한다든지, 열심히 일하는 것 같은데 뚜렷한 목표가 없는 등 부조화된 인격을 가진 사람들을 우리 주위에서 볼 수 있다.

우리는 시간관리 즉 자아실현의 목표인 총체적 인간과 관련이 없는 개념은 염두에 두기 어렵다. 왜냐하면 그가 성취하는 어떤 일보다 중요한 것은 그가 어떻게 다른 사람과 연관을 맺으며 또한 다른 사람과의 인간관계에서 그의 역할을 수행하느냐 하는 것이다. 삶은 전체적으로 보아야 한다.

삶의 대상은 사람이고 사람의 욕구와 문제도 서로 관련되어 있다.

매슬로(A. Maslow)는 교육목표란 자아실현을 도와주는 것, 즉 '인간이 될 수 있는 최상의 사람이 되도록 도와주는 것'이라고 했다.

심리학자 알포트(G. W. Allport)는 성숙한 인성에는 다음의 내용이 포함되어 있다고 했다.

① 자아의식의 확대 : 타인과의 교제, 사고에 능동적으로 참여.

② 타인에 대한 자아의 따뜻한 관계 : 친밀감과 연민

③ 정서적 안정 : 자기수용, 감정통제, 인내

④ 현실지각 : 세계와 사물을 객관적으로 파악할 수 있는 능력

⑤ 기능과 연구과제 : 자신의 기능개발과 현재와 미래의 연구과제

⑥ 자기 객관화 : 자신에 대한 지식과 이해

⑦ 삶에 대한 통합된 철학 : 가정에는 가훈이 있고 학교나 회사 등도 그들이 지향하는 바를 나타내는 교훈, 사훈이 있는 것처럼 우리 개인들은 자기의 가치관을 요약한 좌우명이 있는 것이다.

3. 비전형 인간

비전(미래상)이 없는 자는 나약해져서 좋은 환경이나 여건 속에서도 만족을 모르고 회의에 빠진다. 비전을 상실하면 개인이나 단체가 유지하고 발전할 수 없다.

우리는 비전을 갖지 못하도록 하는 장애물의 정체를 찾아내어야 한다.

① 자아상(self-image)의 결여 : 자기자신의 건전한 상을 갖지 못하면 자기 연민에 빠진다.

② 책임성의 결여 : 책임의식의 결여는 남을 비난하는 것으로 발전된다.

③ 고정된 안목 : 경험과 시야가 좁은 '우물 안의 개구리'가 되어서는 안 된다. 중국인은 만리장성을 쌓았으나 그들의 비전은 자기 나라에 국한되어 버렸고 더 큰 밖의 세계로 향하지 못하게 되었다.

④ 과거에 집착하는 것 : 과거는 시효가 지난 감정이다. 선진국 국민들은 과제중심적(task oriented)이지만 후진국은 존재지향적(being oriented)이어서 앞으로 해야 할 과제에 집착하는 것이 아니라 존재에 집착하여 과거의 경력, 출신지역, 출신학교, 가문이 어떻다는 식으로 자기자신의 존재에 집착하니까 진취정신이 없다는 것이다.

⑤ 성공의 환상 : 조금만 성공해도 크게 성공한 줄 착각하는 것이 더 큰 비전을 볼 수 없게 하는 장애물이다.

내가 설정했던 목표가 더 큰 목표를 위한 단계임을 내가 망각하고 있지 않는가를 물어야 한다.

올바른 비전이라는 확신이 들면 시시때때로 바로 보고, 기록하고 써서 붙이고 반복암시를 하여 무의식에까지 영향을 미친다.

그리하여 자기 자신과 자기 비전이 완전히 하나가 되도록 해야 한다.

• 자존감 설문지(self-esteem questionnaire)

다음과 같은 방식으로 아래의 질문에 답하십시오. 물음의 내용이 당신이 평소에 느끼는 바를 묘사하는 것이라면 '예'란에 (∨)를 하십시오. 그러나 물음에 내용이 평소에 당신이 느끼는 바를 묘사하지 않는다면 '아니오'라는 란에 (∨)를 하시기 바랍니다. '예'와 '아니오' 중 어느 하나에만 (∨)를 하십시오. 있는 그대로 자신을 솔직하게 점검하시기 바랍니다.

	예	아니오
1. 당신에게는 다만 몇 명의 친구만 있습니까?	( )	( )
2. 당신은 평소에 기쁨의 삶을 누립니까?	( )	( )
3. 당신은 다른 사람들 못지않게 많은 일들을 해낼 수 있는 능력이 있습니까?	( )	( )
4. 당신은 대부분의 자유시간을 혼자서 보냅니까?	( )	( )
5. 당신은 당신이 남성(또는 여성)인 것에 만족하십니까?	( )	( )
6. 당신이 알고 있는 대부분의 사람들은 당신을 좋아한다고 느낍니까?	( )	( )
7. 당신이 중요한 과제나 과업을 시도한 때 보통 성공하는 편입니까?	( )	( )
8. 당신은 지적 수준이 높은 사람입니까?	( )	( )
9. 당신은 스스로가 중요한 인물이라고 생각하십니까?	( )	( )
10. 당신은 쉽게 의기소침해지는 편입니까?	( )	( )
11. 할 수만 있다면, 당신 자신에 대하여 많은 것들을 변경시키고 싶습니까?	( )	( )
12. 당신은 다른 사람못지 않게 잘 생긴 편입니까?	( )	( )
13. 많은 사람들이 당신을 싫어합니까?	( )	( )
14. 당신은 평소에 긴장하거나 불안해 합니까?	( )	( )
15. 당신은 자신감이 부족합니까?	( )	( )
16. 당신은 자주 당신이 쓸모없는 존재라고 느낍니까?	( )	( )
17. 당신은 남 못지않게 건강하고 튼튼합니까?	( )	( )
18. 당신의 감정은 쉽게 상하는 편입니까?	( )	( )
19. 당신은 당신의 견해나 감정상태를 표현하기가 어렵습니까?	( )	( )
20. 당신은 종종 당신 자신에 대하여 부끄러움을 느낍니까?	( )	( )
21. 대체로 다른 사람들이 당신보다 더 성공적이라고 생각합니까?	( )	( )
22. 당신은 웬지 이유없이 자주 불안감을 느낍니까?	( )	( )
23. 당신은 다른 사람들이 행복해 보이는 것처럼 행복해지기를 원하십니까?	( )	( )
24. 당신은 실패자입니까?	( )	( )
25. 당신은 당신이 생각하는 바를 좋아하십니까?	( )	( )
26. 당신은 새로운 사람들을 만나기가 쉽지 않습니까?	( )	( )
27. 당신은 자주 화를 내는 편입니까?	( )	( )
28. 대부분의 사람들이 당신의 견해를 존중합니까?	( )	( )
29. 당신은 다른 사람들에 비하여 예민한 편입니까?	( )	( )
30. 당신은 다른 사람들만큼이나 행복한 삶을 누립니까?	( )	( )
31. 당신은 무슨 일을 시도할 때 주도권을 잡는 능력이 참으로 부족하다고 느낍니까?	( )	( )
32. 당신은 많이 걱정하는 편입니까?	( )	( )

자존감은 우리가 자신을 얼마나 사랑스럽고 가치있다고 느끼는가를 평가하는 심리개념입니다. 낮은 자존감은 겸손과 다릅니다. 자존감이 높은 사람만이 자신의 강점과 약점을 솔직히 인정할 수

있습니다. 자신을 건전하게 사랑하는 사람만이 다른 사람을 사랑할 수 있습니다. 자신이 정신적으로 건강할 때 다른 이의 정신건강을 돌아볼 수 있습니다.

〈참고 도서〉

연문희, 『새시대의 부모와 교사를 위한 청소년의 이해와 지도』(한일, 1989).

이민정, 『이 시대를 사는 따뜻한 부모들의 이야기』(성서생활사, 1992).

알란 로이 매기니스, 이현주 역, 『사랑과 우정의 신비』(컨콜디아사).

[정답]

1. (아니오) 2. (예) 3. (예) 4. (아니오) 5. (예) 6. (예) 7. (예) 8. (예) 9. (예) 10. (아니오) 11. (아니오) 12. (예) 13. (아니오) 14. (아니오) 15. (아니오) 16. (아니오) 17. (예) 18. (아니오) 19. (아니오) 20. (아니오) 21. (아니오) 22. (아니오) 23. (아니오) 24. (아니오) 25. (예) 26. (아니오) 27. (아니오) 28. (예) 29. (아니오) 30. (예) 31. (아니오) 32. (아니오)

[평가]

① 30점 이상 : 매우 높은 자존감
② 27~29점 이상 : 높은 자존감
③ 20~26점 이상 : 보통의 자존감
④ 14~19점 이상 : 낮은 자존감
⑤ 14점 이하 : 매우 낮은 자존감

제3절 시간창조 ; 시간을 늘려가며 사는 지혜

1. 시간에 대한 목표관리

인간은 80세까지는 613,200시간을 살게 되는데[23)] 30세까지는 인생의 37.5%를 점유하는 262,800시간을 살고 50세는 62.5%인 438,000시간을 산 것이다. 이처럼 생애설계(career plan)는 인생에 대한 종합적인 시간계획이 없는 사람이라면 열심히 살아가더라도 자기의 인생목표를 달성하기 어렵고 시간낭비요소가 많이 발생하게 될 것이다.

자본이나 물자에 대해서는 미리 계획을 세우고 재고를 파악하면서 인생의 가장 소중한 시간자원에 대해서는 재고도 파악하지 않고 예산계획도 수립하지 않는다. 시간을 창조하기 위해서는 시간관리에 대한 시간목표가 정립되어야 한다. 모든 행동의 기준이 시간이 되어야 하기 때문이다.

---

23) 1,440분(1일) × 30(월) × 12(년) × 80(평생) = 36,792,000분
이것을 시간으로 환산하기 위하여 60분(1시간)으로 나누면 613,200시간, 저자가 계산해 본 바에 의하면 이 중에서 잠자는 시간, 교육받는 시간 등등을 빼고 나면 실질적으로 일할 수 있는 시간은 고작 100,000시간 정도이다.

2. 시간계획 체크 리스트와 계획의 원리

(1) 시간계획(check list)

관리의 순환(management cycle), 즉 plan-do-see(계획-실행-통제)에서 계획이 제일 먼저 하는 행위이다. 인생은 하나의 관리이다.

시간관리를 다른 말로 표현하면 계획이다. 일하기 20분만 미리 생각하고 계획할 시간을 가지면 잘못된 방향으로 가는 여러 시간이나 몇 날의 기간을 건질 수 있다. 개인이나 기업이 시대에 앞장을 서지 못하면 분명히 뒤떨어진다. 시대를 앞서가는 원동력이 계획력이고 창조력이다. 임박해서는 조급하게 일을 처리해 버린다는 것이다. 낭비를 줄이고 충실한 삶을 위해 다음의 체크 리스트를 참고할 필요가 있다.

• 계획력 체크 리스트

1) 스케줄을 잘 짠다.
2) 일에 대한 문제의식이 있다.
3) 기분대로 살지 않는다.
4) 시간을 잘 활용한다.
5) 생각과 행동이 일관성이 있다.
6) 목표와 마감일을 정하고 일한다.
7) 신중하고 깊이 생각하는 성질이 있다.
8) 오늘 시간낭비의 요인이 무엇이었던가를 반성한다.
9) 가장 능률적으로 일하는 방법을 머리 속에서 생각해 낼 수 있다.

10) 정보를 잘 모으고 분류해 둔다.

11) 시행착오와 헛수고가 적다.

12) 오늘의 활동 중 배제해도 좋았을 일을 회고한다.

13) 일과 노는 시간의 구별이 확실하다.

14) 기록을 남기기를 좋아한다.

15) 계획할 시간을 따로 마련한다.

여기에서 계획(plan)과 관련한 용어해설을 해둘 필요가 있다.

① 목표(goal)와 목적(purpose) : 목표는 미래에 놓여 있는 바람직한 결과, 또는 달성할 수 있는 미래의 사건이고 목적은 목표를 달성했을 때 얻어지는 부산물이다. 젊었을 때 아브라함 링컨의 목표는 대통령이 되는 것이었고 그 목적은 노예를 해방시키는 데에 있었다. 목표에는 변화의 개념이 포함되어 있다. 실현 불가능해진 목표는 다른 목표로 전환하거나 포기할 수 있다.

② 계획(plan) : 목표에 도달하기 위한 사건들을 자세히 기술한 것으로 매사건을 성취하기 위해서 필요한 시간과 자원을 표시하게 된다.

③ 기획(planning) : 목표를 달성하기 위해 만족할 만한 방법을 발견하는 과정을 뜻한다.

(2) 계획의 원리

잘 짜여진 계획은 틀림없이 보다 나은 결과를 거둘 수 있다. 잘 준비된 계획은 이미 반이 성취된 것이다. 그럼에도 불구하고 계획하기를 싫어하는 이유는 무계획적 습관에 젖어 있었거나 깊이 생각하기를 싫어하거나 시간이 없다고 핑계하거나 계획이 중요성을 깨닫지 못하는 것 등이다.

계획은 현실적이고 실현가능성이 있어야 한다. 한편 인간생활은 꼭 계획대로 되지 않을 때가 많고 예기치 않은 상황이나 변화가 일어나므로 이미 세운 계획도 수정해 나가야 하기 때문에 여러 가지 경우에 대처할 대안을 여럿 마련해야 할 때가 있다. 즉 융통성이 있는 계획이어야 하는 것이다. 큰 일 뿐만 아니라 작은 일도 계획하는 습관을 가져야 한다. 계획이란 다른 말로 표현한다면 과학적이고 합리적으로 준비하는 것이라고 말할 수 있다. 집이 크고 아름다울수록 설계도는 정확하고 자세하다. 우리의 고귀한 인생설계도 이와 같이 용이주도하게 하지 않으면 안 된다.

호주의 피터 다니엘즈는 젊은이들로부터 어떻게 하면 의미있는 삶을 살 수 있느냐는 질문을 받을 때 다음 네 가지 사항을 대답하게 한다.

① 자기 생의 궁극적 목표를 세운 때는 몇 살이었는가?

② 자기 일생 중 생활하고자 하는 것에 대해 최소한 50페이지 이상의 계획서를 만들라.

③ 자기 가능성을 100이라 할 때 현재 사용하고 있는 능력은 수치로 얼마나 되는가?

④ 가능성과 현재 사용하고 있는 능력 사이의 간격을 채우기 위해 어떤 계획을 세우며 언제 그것을 실현할 것인가?

이상의 질문을 다시 분석해 본다.

첫째, 질문은 사명감의 문제이다. 인생이 다시 태어난 날은 나의 궁극적 생의 목적 즉 사명감을 발견한 날이다.

둘째, 질문은 자기의 일생계획서를 만드는 일이다. 피터 다니엘즈가 자기 일생계획서를 50페이지 이상을 정한 것은 상당히 의미가 있다. 인생계획을 그만큼 충분히 생각하고 계획서를 만들어야 한다.

세번째 질문은 자기 가능성 활용문제이다. 보통사람은 자기 잠재력의 5~6%밖에 활용하지 못한다고 한다. 자기 가능성을 1%나 2%만이라도 향상시키면 엄청난 결과를 거둘 것이라는 것이다. 심리학자 매슬로의 말처럼 인간에게는 쓰여지기를 기다리는 능력이 잠재해 있는 기능을 더 많이 습득하기보다는 이 같은 내적자원을 끌어내는 것이 더 중요하다는 것이다.

네번째 질문은 실천계획의 문제이다. 비전(vision)과 현실간의 간격은 엄청나게 크다. 그러므로 비전을 실현하기 위해서는 수많은 디딤돌이 있다. 주요 목표와(전략) 중간 목표(전술)를 설정하고 현실적으로 세부계획(실시계획 ; 전투)을 설정해서 단계적으로 목표를 성취해 나가야 한다. 인생계획(생애교육)을 작성한 사람은 자기가 현재 어디 있으며 앞으로 어느 곳을 가야 한다는 목표의식과 방향감이 뚜렷하므로 오히려 정신적 여유를 누리게 된다. 서둘지 않고 열심과 끈기를 갖고 비전을 추구해 나간다.

3. 우선순위

(1) 우선순위의 중요성과 장애요소

현대는 정보의 홍수의 시대다. 우선순위가 잘못 설정되면 개인이나 단체가 시간적으로나 물질적으로 많은 손해를 보게 된다. 여러 가지 업무가 '동시다발적'으로 몰려오기 때문이다. 먼저 해야 할 일을 최우선 과제로 삼고 중요도에 따라 일을 처리하면 일의 생산성을 높이고 여유있는 시간을 창조할 수 있다. 그러나 우선순위를 정하는 문제는 그렇게 쉽지 않다. 그것은 우리가 과거에 가지고 있는 정신적인 습관과 깊이 관련이 되어 있기 때문이다. 대부분의 경우 업무처리는 우리가 과거에 지니고 있던 경험, 지식, 가치체계에 의존한다. 각자의 가치관이 우선순위에 미치는 영향은 매우 크다. 가치관은 오랫동안 사고와 생활습관 속에서 형성되어 온 것이다. 그러나 정보화 사회의 급격한 변화와 다양성은 과거의 경험, 지식, 가치체계만으로는 대응할 수 없다. 한편 긴급한 것과 중요한 것 사이에서 긴장하며 살고 있다. 중요한 사항이란 목표에 기여하는 바가 큰 사항이며 높은 가치를 가지고 있다. 긴급사항은 지금 당장 해결하지 않으면 안 되는 사항이다. 중요한 사항을 빠뜨리지 말아야 하며 긴급한 사항은 긴급의 정도를 검토하여 중요한 사항을 우선시킬 수 있는 노력이 필요하다. 긴급한 과제는 끊임없이 매일 매시간 압력을 가하고 있다. 그러나 긴급한 것이 반드시 중요한 것은 아니라는 점에 우리의 문제가 있다.

장관을 면회하러 가는 도중 내 자가용이 고장이 났다. 긴급한 것은 차의 고장을 고치는 것이다. 시간이 많이 걸리기 때문에 중요한 일 즉 장관을 만나기 위해 다른 차를 이용하여 장관을 만나고 그 후에 와서 차를 고치면 된다.

경영자가 전략수행을 위해 우선순위를 결정하는 데는 '아이젠하워 그리드'(Eisenhower grid)를 활용하는 것이 유용하다.

① 중요하고 긴급한 과제는 최고 경영자 본인이 즉시 처리한다.

② 매우 긴급하지만 중요도가 조금 떨어지는 것은 적합한 부서의 관리자 또는 다른 집단에 위임한다.

③ 매우 중요하지만 중간 이하의 긴급한 과제는 차후로 미

룬다.

④ 중요성과 긴급성이 떨어지는 것은 보류한다.

자신을 경영자의 입장에 놓고 '하이젠하워 그리드'를 이용하는 것이다.

[도표 3-1] 아이젠하워 그리드에 의한 우선순위 결정

중요성	저 → 고 (긴급성)	
고	사후 처리를 위한 일정	본인 즉시 처리
저	서류철(휴지통)	위 임

자료 : 윤은기, 『시(時)테크』(유나이티드 컨설팅 그룹, 1992), p. 66.

우선순위를 정하는 데는 다른 요소는 전인적 인간(whole man)에 대한 이해가 부족한 것이다. 소경이 코끼리 만지는 식으로 우리는 전체적으로 볼 수 있는 안목이 부족하다. 나무는 보고 숲은 보지 못하는 것이다. 성숙한 삶이란 이 전체성(whole)을 향하여 뜻있는 기여를 하는 것이다. 모든 삶은 통합적인 것이다. 삶의 궁극적 목적은 무엇인가를 확인하고 목표와 관련이 없는 것들은 될 수 있는 한 제거해야 한다.

(2) 우선순위 설정방법

◈ '아이비 리'의 5대 방식

적자에 허덕이고 있었던 미국의 촬스 스왑이 베들레헴 철강의 회장이었을 때 회사 고문인 '아이비 리'의 5대 제안은 3개월 안에 노동생산성의 증가로 흑자를 내게 됨에 따라 아이디어의 제공에

대한 사례비로 3만 달러를 제공하였다.

① 내일 당신이 하기를 원하는 가장 중요한 일 여섯 가지를 기록하라.

② 그것들을 중요도에 따라 번호를 매기라.

③ 아침에 제일 먼저 제1번 순위의 일만 바라보라.

④ 제1번 순위의 일이 완성될 때까지 계속하라.

⑤ 그 나머지 열거된 것도 똑같은 방식으로 하라. 한 번에 한 가지씩 그 날을 마칠 때까지 이런 식으로 하라.

'아이비 리'의 방식을 고려하여 우선 순위를 설정하기 위하여

① 당신의 목표들을 모두 나열하라. 볼 수 있도록 종이에 적고 그것들을 평가하라.

② 이 모든 목표들이 측정할 수 있는(measurable) 것이며, 구체적인(specific) 것이며, 달성가능한(achievable) 것이며, 시간이 정해져 있는(time-bounded) 것인가를 확인하라.

③ 매 목표마다 "왜 이것을 해야 되는가?"라는 질문을 하여 중요도를 분석하라.

자신의 가치체계와 분석에 근거해서 이 목표들의 일람표를 a, b, c로 분류할 수도 있다.

A)는 꼭 해야 될 일이나 다소 중요한 것.

B)는 해야 될 일이나 다소 중요한 것.

C)는 시간이 있으면 할 수도 있으나 별로 중요하지 않은 것이다.

목표를 분류할 때 A에 해당하는 목표들로 다시 a, b, c로 분류해 나간다.

4. 시간낭비의 요인분석

(1) 맥켄지(A. Mckenzie)의 일반적 시간낭비 요인

시간관리는 우리들을 속박하기 위해 고안된 것이 아니라 우리를 시간낭비의 요인으로부터 분리시킴으로써 계획된 업무량을 달성할 수 있도록 유도하는 데 있다.

일반적 시간낭비요인들을 서열에 따라 분류하면 다음과 같다.[24)]

① 전화 : 전화는 본래 시간절약의 목적으로 발명되는데!...

② 방문객 : 사전 예고없이 찾아와 잡담으로 시간 낭비

③ 회의 : 요령없는 회의 진행으로 지루하고 불필요한 시간낭비

④ 긴급상황 : 사전계획이 불가능한 상황에 적절히 대응하지 못한 경우

⑤ 목표의 우선순위 : 최종기한의 부재로 인한 시간낭비

⑥ 혼란한 사무실의 배치 : 인적 조직화의 실패로 인한 시간낭비

⑦ 일상적 또는 세부적 업무위임의 실패

⑧ 과중한 업무를 한 번에 시도하려다가 실패하는 경우

⑨ 책임한계의 부재로 서로 책임을 지지 않으려고 할 때

⑩ 부정확한 정보 : 정보의 부적절성, 부정확 및 정보전달의 지연

⑪ 우유부단 : 의사결정이 느리고 갈팡질팡함

⑫ 의사전달의 불명확성 : 수단의 부재로 인한 시간낭비

24) 시간관리 분야의 전문가 A. Mckenzie의 'The Time Trap'에서 전세계 5,000명 이상의 관리자들을 대상으로 한 설문지 조사를 통하여 추출한 15가지의 시간낭비의 요인

⑬ 거절능력의 부재

⑭ 기준 및 진보상황보고의 부재 : 위임의 기준과 진보상황보고 지연과 시간낭비

⑮ 피로 : 지쳐 있을 때 능률저하로 인한 시간낭비

(2) 포드(H. Ford)의 시간낭비의 사례

미국의 자동차 왕으로 불리우는 포드가 지적한 대표적 시간낭비의 사례는 다음과 같다.

① 시간과 노력을 하찮은 것에 써 버린다.

② 용건만 말하지 않는 긴 전화 통화

③ 필요량의 세 배나 되는 긴 편지

④ 지식도 영감도 주지 못하는 책을 읽는 것

⑤ 광고를 처음부터 끝까지 읽는 것

⑥ 장래의 계획을 세워야 할 때 딴 생각하고 있는 것

⑦ 너무 자주 놀면서 시간을 보내는 일

⑧ 집중처리를 하지 못하는 것

⑨ 실패를 기회로 선용하지 못함

⑩ 잘 잊어버림

⑪ 대안을 찾지 못함

⑫ 과거나 미래에 대한 쓸데없는 생각

⑬ 일을 잘 조직하지 못함

⑭ 불균형한 삶의 자세

⑮ 우선순위를 잘 배열하지 못하는 것

만약 우리가 이상과 같은 것들을 통제할 수 없다면 그 원인은 우리의 박약한 의지와 자기 훈련의 부족 때문일 것이다.

제 4 절 시간관리의 기본요소

개인의 인생목표의 달성을 위한 실행계획이나 장기적인 조직의 경영전략 실행을 위한 시간관리의 기본요소는 'DOE'로써 나타낸다.

즉, 위임(delegation 혹은 empowerment), 조직화(organize), 제거(eliminate)로 표현된다. 업무의 일부를 타인에게 위임하여 시간을 절약하거나 하루의 일과를 조직화하여 우선순위에 따라 능률적으로 일함으로써 또는 불필요한 행위나 나쁜 생활습관을 제거하여 시간을 절약할 수 있다(제거는 이미 시간낭비의 요인분석에서 설명하였음으로 생략한다).

1. 위임(권한이양)

(1) 위임의 정의와 이점

위임이란 자신에게 필요한 일을 타인이 하도록 하여 시간을 절약하고 후계자를 기르며 조직에 기여할 기회를 부여하는 업무수행 방법을 말한다. 특히 타인이 나보다 더 잘할 수 있는 일을 하도록 하는 것이 바람직하다.

어떤 책임을 다른 사람들과 나누어 행사함으로써 그의 영향력의 범위를 확장시킬 수 있다. 타인의 능력을 활용하여 자신의 업적을 더욱 빛나게 할 수 있는 것이다. 그러나 우편물을 개봉하는 것과 같은 일을 비서로 하여금 중요한 것과 아닌 것을 추려내게 하거나 여러 날 모아 두었다가 휴식시간 한꺼번에 훑어보거나 화장실에서 또는 TV 옆에 두었다가 광고를 할 때나 지루한 시간에 읽어보면 될 것이다. 타인에게 직무를 위임함으로써 부재시에 그 직무수행에 지장을 초래하지 않는 지도자가 이상적인 관리자라고 할 수 있다.

위임의 목적은 직무 중 핵심적인 것에 전념함으로써 그 분야에 최고 권위자가 되는 것이다. 아울러 오늘날 현대조직에서는 빠른 의사결정을 위한 조직의 슬림(slim)화를 위해 권한이양을 필요로 하고, 사원들에게 주인의식을 갖게 하는 긍정적인 측면도 있는 것이다. 어떤 조직에서든지 권한이란 과업의 완수 또는 목표의 달성에 따라서 부여되는 것이기 때문에 과업이나 목표를 보다 많이 달성하려면 타인에게 더 많은 것을 위임하여야 한다.

이와 같이 위임을 받게 된 피위임자는 사기가 앙양되어 ① 조직에의 소속감(belongingingness)을 느끼게 되어 자발적인 업무수행의 기회가 되므로 ② 일의 질이 향상된다. 인간은 자신의 능력이나 재능을 자유로이 발휘할 기회를 줄 때 흥미를 가지고 몰두하게 된다는 것이다. 뿐만 아니라 ③ 상호간의 이해와 공동체 의식과 응집력이 증진되며 ④ 능동적이고 신뢰에 대한 존엄성과 자유로움을 느낀다. 또한 관리자는 위임을 통해 유능한 부하로 하여금 자신의 후계자가 될 수 있는 ⑤ 후임자 양성의 기회도 되는 것이다.

(2) 위임의 원칙과 문제점

위임을 하기 위해서는 우선 관리자 자신이 수행해야 할 '직무의 성격 파악'이 선행되어야 한다. 즉 자신의 업무수행에서 얻는 결과 중 어떤 것의 대가로 봉급을 받게 되는가, 또는 상사가 자신에게 요구하는 업무결과 중 가장 중요한 것이 무엇인가를 묻고 자신이 궁극적으로 추구하는 '최종 단계의 업무결과'를 파악해야 한다.

이러한 분석을 하기 위해서는 자신의 직위나 직무가 존재하는 이유를 밝혀내는 것이 중요하며 자신의 직위와 관련하여 가장 핵심이 되는 업무에 집중 노력해야 한다. 이상의 요소 이외에는 모두 위임 가능한 것으로 간주될 수 있다. 위임은 관리자 자신의 권리라는 사실을 알아야 하며 타인의 재능을 자신의 약점을 보완하는 데 이용한다면 훌륭한 경영인이 될 수 있다.

위임시에는 최적임자를 찾아내어야 한다. 그리고 창조적인 업무(creative work)와 단순하고 일상적인 업무(routine work)를 구분하고 단순한 업무에도 위임자와 피위임자간에는 위임사항에 대하여 25% 정도의 차이(gap)가 있다는 통계를 고려하여 각자를 천천히 단계적으로 지도하고 중간보고를 들어야 한다.

절대로 위임할 수 없는 사항은

① 예산에 관한 핵심적인 의사결정(예산권)

② 고용 및 해임에 관한 권한(인사권) 등이다.

위임의 문제점은 곧 위임의 실패라는 말로서 하급자의 능력을 과소 또는 과대평가함에 따라 발생하는 문제이며 위임사항의 오차를 줄이기 위한 과중한 통제는 오히려 서로 시간을 뺏기고 생산성이나 작업의 질의 저하를 초래한다. 그렇다고 방치해 두라는 말은 아니다. 위임의 통제 정도를 명확히 결정짓지 못하는 경우는 조직의 상황적 요청보다 개인의 필요에 의한 통제로서 위임의 실패위험 부담을 높게 하는 것이다.

한편 위임할 과제에 대한 '위험 부담 분석'을 통해 각기 다른 하급자에게 위임될 각기 다른 위험 부담 정도를 가진 과제를 피위임자들이 택하도록 한다. 각 과제마다 과제위임을 위한 적임자를 기록하도록 한다. 과제해결을 위한 피위임자의 예상되는 단점과 그 결과를 기록하고 이를 보완할 방법을 열거한다. 권한의 조절, 지원방법, 지휘감독이 이에 속할 것이다.

경제적 풍요를 누리고 있는 직장인에게는 생리적 욕구나 안전욕구의 위협수단으로는 일을 시킬 수 없다. 존경의 욕구 또는 자아실현의 욕구는 누구에게나 강력한 동기부여의 수단이 될 수 있다. 위임을 통해 자기 개발과 자기성장이라는 동기부여를 해 주는 것이 필요하다.

2. 조직화

직장인들이 근무시간 외에 잔업을 하게 되는 것은 업무량 자체가 워낙 많아서 일이 시간내에 완료할 수 없는 경우, 또는 앞에서 설명한 위임의 실패나 협조체계에도 문제가 있겠으나 그들의 시간낭비요인을 분석해 본다면 하루 일과 시간이 조직화되어 있지 않음을 발견할 수 있다.

(1) 자기조직화(self organization)

시간관리란 자기관리이므로 시간을 조직화하기 위해서는 자기조직화가 이루어져야 한다. 자기조직화는 앞에서 누누이 말한 우선순위(priority)로서 세 가지 기본범주를 들 수 있다.

① 필수불가결한 일 : 가장 우선적인 항목들은 정규적으로 수

행되지 않으면 조직에 큰 피해를 미치는 성질의 활동이다.

관리자의 임무는 주위환경을 직시함으로써 조직의 구조와 전망에 영향을 미칠 수 있는 환경적 추세를 밝히는 일을 수행하는 데 있을 것이다.

② 필요한 일 : 이것은 '필수불가결한 일'과 '중요하지 않은 일'의 중간 정도의 가치를 가진 일들을 포함한다. 조직을 움직이게 하는 일상적 일을 말하며 만일 이런 일들이 수행되지 않고 미루어진다면 필수불가결한 일의 범주로 변하게 될 것이다.

③ 중요하지 않은 일 : 일을 우선순위에 따라 분류하거나 앞으로 보다 효과적인 시간을 활용하려고 한다면 항상 어제 한 일의 내용을 기억해 내기 위하여 적어도 일주간 연속 기록해 둔다면 항상 어제 한 일의 내용을 기억해 내기 위하여 적어도 일주간 연속으로 [도표 2-2]를 활용하는 것이 좋다. 매일 오전 8시부터 잠들기까지 30분 간격으로 기록하되 커피를 마시거나 잡담을 한 시간, 업무와 무관한 일체의 활동들도 기록되어야 한다. 그 다음 날 분석해 보면 전혀 비생산적인 일에 허비하거나 하는 일 없이 보낸다는 사실에 충격을 받을 것이다.

어제 했던 일을 기록한 목록을 보고 필수불가결한 일에 ①을, 필요한 일에는 ②를, 중요하지 않은 일에는 ③을 표기하고 과연 자신이 필수불가결한 일부터 했는가, 많은 사람들이 아침의 이른 새벽, 영감이 발동하는 정신이 가장 맑을 때 한 시간 또는 두 시간씩이나 신문을 읽거나 잡지를 들추다가 아침상을 받는 것은 아닌가.

(2) 1일 10분의 계획시간 확보

항상 일정시간을(적어도 10분 정도) 하루의 계획작성을 위해 활용하는 일을 습관화할 필요가 있다. 계획하고 실시하고 되돌아 보는 일(P. D. S ; Plan-Do-See)은 일생 동안 반복되는 것이다.

[도표 2-2] 시간일지

년 월 일

세부사항	우선순위	전화	실시여부
			( )
			( )
			( )
			( )
			( )
			( )
			( )
			( )
			( )
			( )
			( )
			( )
			( )
			( )
			( )
			( )
			( )
			( )
			( )
			( )
			( )
			( )
			( )
			( )
			( )
비고			

시 간 표	
8:00	
8:15	
8:30	
9:00	
9:15	
9:30	
9:45	
10:00	
10:15	
11:00	
11:15	
11:30	
11:45	
12:00	
12:15	
12:30	
12:45	
1:00	
1:15	
1:30	
2:00	
2:15	
2:30	
2:45	
3:00	
3:15	
3:30	
3:45	
4:00	
4:15	
4:30	
4:45	
5:00	
5:15	
5:30	
5:45	
6:00	
저녁	

하루의 일과를 계획하는 일에 10분씩만이라도 할애한다면 최소한 10%의 시간활용 효과를 증가시킬 수 있는 것이다. 가장 중요한 것부터 차례대로 목록을 작성하고 순서에 따라 일을 수행하도록 노력해야 하는데, 이 때 사정에 의하여 그 순서를 지키지 못하는 경우가 종종 있을 것이다. 그러나 작은 부분이라도 필수적인 일을 하는 것이 많은 시간을 들여 하위직무순위의 항목을 하는 것보다는 더 가치가 있다는 사실이다. 즉, 필수적인 일이 5시간 걸리는 일이라고 하더라도 이를 단지 5분 정도 안이라도 수행하는 것이 필요한 모든 시간을 쏟아서 덜 중요한 일을 완성하는 것보다 낫다는 것이다. 단지 완성할 수 있는 이유만으로 중요하지 않은 일에 매달려서는 안 된다. 본인이 생각한 모든 계획은 반드시 명문화하고 완성된 과제에는 그 목록에 표시를 해 놓아서 성취의 기쁨을 맛보는 심리적 효과를 얻을 수 있도록 해야 한다. 항상 활용가능한 시간의 70-80%만 계획을 만들어 종종 피할 수 없는 시간의 방해를 예상하여야 한다. 100%의 계획을 세우면 항상 시간의 압박에 시달리기 때문이다.

(3) 시간관리 검사사항

당신의 시간관리의 효율성을 증진시키기 위해서 3개월 혹은 6개월에 한번씩 아래의 질문사항에 대해서 대답해 보는 것이 유익할 것이다.

	예	아니오
1. 나는 문서로 분명히 설명한 일련의 일생목표가 있는가?	( )	( )
2. 앞으로 6개월을 위한 나의 목표가 설정되어 있는가?	( )	( )
3. 내 일생의 목표에 보다 가까이 접근하기 위해 오늘 해야 할 일을 분명히 알고 있는가? 내 단기목표는 갖고 있는가?	( )	( )
4. 다음 주간 업무수행을 위한 분명한 아이디어를 가지고 있는가?	( )	( )
5. 나의 중요한 시간(골든 아우어)에 가장 중요한 과제를 하려고 하는가?	( )	( )
6. 나는 순간적인 충동에 따라 행동하기를 피하는가?	( )	( )
7. 나는 내 정력과 효과성이 발휘되는 어떤 날이나 주간에 특별한 종류의 일의 과정표를 만드는가?	( )	( )
8. 나는 내 업무의 분산과 방해되는 것들을 잘 조정하는가?	( )	( )
9. 나는 행동의 분량보다는 성취도에 의해 내 자신을 판단하며 진행보다는 표에 중점을 두고 있는가?	( )	( )
10. 나는 긴급한 일이 아니라 중요한 정도에 따라서 우선순위를 설정하고 있는가?	( )	( )
11. 일을 진행하는 동안에도 매우 중요한 문제점이나 우선순위를 감지하고 있는가?	( )	( )
12. 나는 반성과 계획을 위한 시간과 현재 구체적인 행위 사이에 균형을 이루고 있는가?	( )	( )
13. 나는 출퇴근 시간을 건설적으로 이용하고 있는가?	( )	( )
14. 대부분의 경우, 내 마음에 내가 할 일의 순위를 분명히 염두에 두고 있는가?	( )	( )
15. 나는 가능한 한 많은 일을 다른 사람과 분담(위임)하여 하는가?	( )	( )
16. 나는 마감일을 지키기 위해 가장 올바른 시간에 필요한 정보를 쉽게 얻을 수 있는가?	( )	( )
17. 불필요한 정보나 인쇄물을 피하는가?		
18. 나는 외부의 일을 처리함에 있어서 보통은 전화를 통해서나 사람을 만나서 하고 분명히 지시하거나 부탁할 때에 편지나 메모를 사용하는가?	( )	( )
19. 회의를 할 경우 문제를 분명히 하며 결정한 바를 요약하고 할당된 책임을 분명히 하려고 했는가?	( )	( )
20. 퇴근 후에는 긴급한 것 외에는 직장에 관한 생각을 떨쳐 버리는가?	( )	( )
21. 적은 결정사항은 빨리 결정하도록 하는가?	( )	( )
22. 위기가 재발되지 않게 취한 필요한 조치와 단계를 확인하는가?	( )	( )
23. 다른 사람이나 나에게 마감일을 설정하는가?	( )	( )
24. 계획할 시간을 따로 마련하는가?	( )	( )
25. 최근에 유익하지 못한 일상 일들을 끊어 버렸는가?	( )	( )

26. 휴게실에서나 고속버스, 열차, 항공기 등을 기다리고 있는 대기실에서 남는 시간을 이용하여 일을 할 수 있게 내 주머니나 가방에 일거리를 가지고 다니는가? ( ) ( )
27. 나는 과거의 성공이나 잘못을 생각하거나 미래에 대해 염려하는 대신 현재 해야 할 것을 생각하면서 현재에 살려고 하는가? ( ) ( )
28. 내가 비생산적인 잡동사니 일에 시간을 내지 않는가를 분석하기 위해 주기적으로 시간활용 점검표를 사용하는가? ( ) ( )
29. 나는 더욱 효과적으로 일하기 위해 좋은 습관을 기르기를 끊임없이 노력하는가? ( ) ( )
30. 나는 내 시간이 돈으로 환산되는 가치를 명심하고 있는가? ( ) ( )
31. 해야 될 과제가 여럿이 중첩되어 있을 때 중점주의 원칙을 적용하는가? ( ) ( )
32. 진정으로 내가 내 시간을 지배하는가? 환경이나 다른 사람의 주장에 따라 내 행위가 결정되지 않고 주로 내가 결정하는가? ( ) ( )

〈도움되는 사례 3장〉

(1) 시간관리의 중요성

사람들은 바쁘다고 말한다. 바빠 죽겠다고 우는 시늉을 한다. 이런 사람들은 시간관리라는 말에 혹한다. 그러나 시간관리라는 말은 새빨간 거짓말이다. 시간관리는 시간통제를 전제로 한다. 그러나 시간은 통제의 대상이 아니다. 오히려 시간이 우리를 통제한다.

시간관리는 '만일 내가 시간을 통제한다면, 나는 시간을 벌 수 있다.'는 가정을 전제로 한다. 그러나 그렇게 시간을 버는 사람이 더 시간이 없다. 하루를 작은 조각으로 나누고 분해하는 사람은 적어도 그 일을 하느라 더 바쁘다. 여전히 그는 시간에 쫓기는 것이다.

시간의 존재를 잊고 시간 속에서 자신의 일에 몰입하기 위해서는 시계를 봐야 하는 약속을 줄이는 것이 가장 현명하다. 약속에 대한 압박을 받지 말아야 시간의 주인이 될 수 있다. 우리는 육체를 가지고 있으므로 시간에서 자유로울 수 없다. 또한 사회적 동물이기 때문에 약속에서 자유로울 수도 없다. 그러나 중요한 일을 선택하고 그곳에 집중해 살 수는 있다. 중요한 일의 반대말은 중요하지 않은 일, 즉 쓰레기다.

무엇이 중요하고 무엇이 중요하지 않은지는 주관적인 것이다. 그러니까 자신이 중요한 일이라고 동의한 일에 시간을 많이 쓸 수 있다면 현명하다. 시간을 자기편으로 만드는 가장 확실한 방법은 쓰레기를 버리는 것이다. 쓸데없는 약속을 만들지 마라. 약속은 커다란 입을 가지고 있어서 시간을 통째로 꿀꺽 삼킨다.

또한 경영자나 관리자라면 직장의 구성원들이 서로 넉넉한 시간을 즐길 수 있도록 도와주어야 한다. 서로의 시간을 아껴줘야 한다. 그러기 위해서는 우선 쓸데없는 일을 시키면 안 된다. 쓰레기에 치이면 정말 가치있는 일에 몰두할 수가 없다.

그리고 효율성(최소의 노력으로 최대의 산출을 얻는 것)보다는 효과성(이루고자 하는 목표의 달성 정도)에 집중하라. 21세기의 변화에는 불연속적이고, 돌발적이고, 선동적이다. 점진적 진보에 바탕을 둔 효율성보다는 전혀 새로운 것을 만들어낼 수 있는 일에 대한 보람을 주는 효과성이 중요하다.

중요한 일에 집중하라. 그것이 시간을 친구로 만들어 주는 것이다.

내용출처 : 인터넷 http://www.protocolschool.co.kr

(2) Brian Tracy의 Tip

우리는 늘 시간이 부족하다.

자기계발 분야의 세계적인 권위자 브라이언 트레이시는 그의 저서 『잠들어 있는 시간을 깨워라』에서 '시간의 위력을 발휘할 수 있는 실행방안 7가지'를 주장한 바 있다.

1. 내 자아상이 내 성과를 결정짓는다는 점을 기억하라.
   :과거의 모습이 아니라 내가 되길 바라는 대로 내 모습을 시각화하고 상상하라.
2. 새로운 습관을 형성하기 위해서는 21일 동안 반복적으로 실행해야 한다.

:내 잠재의식이 행동의 새로운 운영지침이 되기 위해서는 많은 시간과 헌신적인 노력이 필요하다.

3. 시간관리가 탁월한 사람이 되겠다고 자신에게 혹은 다른 사람들에게 약속하라.
4. 자신이 시간관리를 잘 하지 못해서 붙잡고 있는 영역부터 시작하라.

   :모든 것을 한 번에 바꾸려고 하지 말라.
5. 새로운 시간관리 습관을 강력하게 추진하라.

   :시간관리에 뛰어나기로 결심했다면 예외를 인정하지 말라.
6. '시행착오'의 방법보다는 '시행성공'의 방법을 사용하라.

   :시행성공의 방법은 실패와 실수에서 성공하는 방법을 배우는 것을 통해 얻는다.
7. 마지막, 가장 중요한 실행방안은, 자신이 시간관리에 매우 뛰어난 사람이 될 수 있고 될 것이라고 단호하게 믿는 것이다.

   :자신이 시간관리에 탁월한 사람이 될 수 있다고 강력하게 믿을수록 믿음은 현실이 된다.

제 4 장

집단 속에서의 인간관계

인간은 누구나 본능적으로 집단의 소속에서 그 일원으로 인정받고 싶은 욕구를 가지고 있다. 인간은 집단을 떠나 생각하기 어렵다. 인간은 집단 지향적이다. 대인관계에도 집단 활동이 개입된다. 집단내에서의 대인관계를 통해서 사회적으로 성장하고, 정체성(본질)을 가지며, 심리적 및 육체적 건강을 유지할 수 있다. 인간은 본능적으로 서로 협조하고 서로를 즐기며 상호 의존하는 가운데 지적으로나 사회적으로 발달하게 된다.

인간은 지식과 정신적 성장을 위한 욕구를 기본적이고 사회적인 욕구를 집단을 통해서 충족시키려고 한다. 집단은 우리의 지각을 형성하고, 우리의 행동을 지시하고, 선택을 제한하고 생활에 영향을 미치기 때문이다.

제 1 절 동조와 복종

1. 동조(Conformity)

우리들 대부분은 설사 자기의 마음이 내키지 않아도 집단의 결정에 순응한다. "자신은 그렇게 생각하지 않는다 해도 많은 사람들이 그렇게 행동하기 때문에 자기도 결국 행동이나 의견을 바꾸고 따르게 된다. 이것을 우리는 동조(conformity)라 한다".

동조는 구체적이고 직접적인 압력이 없음에도 불구하고 다른 사람의 행동을 모방하는 것이다. 개인의 생각과 의견 그리고 집단의 기대 사이에서 갈등을 하다가 결국에는 집단 쪽으로 기운다. 주로 동조현상은 자기의 판단에 대한 증거와 소신이 부족할 때 더 발생하는 경향이 있다.

동조행위를 증가시키기 위해서는 집단의 압력이 중요하다. 그러나 집단 압력 아래 동조행동을 취하거나 독립적으로 남아 있거나 하는 경향에는 개인차가 많다. 조사결과에 의하면 지능, 문제해결의 독창성, 자아의식강도, 자신감, 낙천적인 태도 등에서 높은 점수를 얻은 사람들은 집단압력을 극복하고 보다 독립적으로 남아 있을 수 있다. 또한 일반적으로 여자는 남자보다 동조경향이 높다.

아래와 같이 사람들이 동조하는 이유는 크게 두 가지로 볼 수 있다.

첫째는 전문지식이나 정보를 가지고 있지 않아 판단이 어려울 경우이다.

예로, 우리는 낯선 지역에 이사를 했을 때 그 지역의 생활습관이나 예의범절을 관찰하여 행동하면 실수를 줄일 수 있다. 어떤 경우든지 확신이 서지 않을 때 다른 사람의 판단에 동조함으로써 우를 범하지 않게 되기를 기대한다.

둘째, 사회적인 불인정을 피하기 위해 동조한다.

대표적인 경우가 우리가 법을 잘 지키고, 조직이나 집단의 규칙을 잘 준수하는 것은 다른 사람들로부터 긍정적인 인식을 받고자 하는 데 있다. 이는 이탈자로 낙인찍히는 것이 두려워 집단압력에 굴복하고 동조하게 되는 것을 의미한다.

2. 복종(Compliance)

복종은 집단이나 사회에서 지위가 낮은 사람이 높은 사람의 명령이나 요구에 순종할 때 일어난다. 일반적으로 복종(compliance)은 "명령, 지시, 요청 등 외부의 구체적인 압력에 따르는 것을 말한다". 그렇다고 사람들이 어떤 상황이나 누구에게나 복종하는 것은 아니다.

다음 사항에 해당할 때 일반적으로 복종행위가 더 잘 나타난다고 볼 수 있다.

① 복종행위는 무엇보다 합법적인 권위를 가진 사람에게 이뤄지기 쉽다.

가장 큰 이유로는 이런 사람에게 순종하면 반대급부를 더 많이 얻을 수 있고, 결과가 잘못되어도 그에게 책임이 돌아가기 때문이다.

② 보수, 처벌, 위협도 복종을 유도한다.

일반적으로 복종하는 사람에게 이익이 많고, 해가 적을수록 순종행동이 더 잘 일어난다.

③ 다른 사람의 복종행동도 나의 복종행동을 증가시킨다.

사람들은 다른 사람들의 행동을 모방하는 경향이 있기 때문이다.

④ 마지막으로 죄책감에 빠져 있는 사람은 그렇지 않은 사람보다 일반적으로 더 잘 순응한다.

제 2 절 집단극화, 집단사고 및 집단갈등

1. 집단극화(Group Polarization)

우리는 어떤 일에 대해 혼자서 의사결정을 하는 것보다 집단구성원들의 지혜와 경험을 모아 의사결정을 할 경우 보다 합리적이고 사려 깊을 것으로 생각하기 쉽다. 여러 조사결과를 보면 집단으로 의사결정을 할 때 개인이 의사결정을 할 때보다 위험부담이 더 큰 쪽으로 모험적인 결정을 하게 되는 경향이 있다.

또한, 어떤 집단은 더욱 보수적인 결정을 하기도 한다. 특히, 집단구성원들의 처음 의견이 보수적일 경우 더욱 극단적 보수주의 쪽으로 결정을 하는 경향이 있다.

이처럼 집단토의가 극단적인 의사결정을 일으키는 현상을 집단극화(group polarization)라 한다.

이러한 집단극화현상이 왜 일어나는가에 대한 근본적인 이유로 아래 세 가지를 들 수가 있다.

첫째는 집단구성원들이 다른 구성원들로부터 호감을 갖고 인정받기를 원하며 이를 위해 집단의견에 동조하게 된다는 것이다. 집단구성원들은 다른 구성원들의 의견에 관심을 두고 있으며, 다른 구성원들의 의사결정 내용을 알기만 해도 선택이행이 나타난다.

둘째로는 집단토의는 더욱 새롭고 설득력이 있는 주장이 나타나면 더 극단적인 입장이 가장 설득적인 주장으로 이끌리는 경향이 있다. 때로는 가장 극단적인 주장이 가장 설득력 있게 보이는 것은 이 때문이다.

마지막으로 집단의 의사결정은 집단 구성원들의 책임을 분산시킴으로 극단적인 의사결정을 가능하게 한다.

2. 집단사고(Group Think)

집단사고(group think)는 "합리적인 결정과정과는 달리 집단 내에 동조압력이 작용하여 잘못된 결정을 내리는 것을 말한다". 아무리 현명한 사람들일지라도 집단구성원들이 시간에 쫓기고, 외부정보로부터 단절되며, 지도자에게 맹목적으로 충성하려는 사람들이 있고, 만장일치로 몰고 가려는 강한 움직임이 있는 한 집단압력이 발생하여 판단력을 약화시키게 된다. 집단의 잘못된 의사결정으로 인해 치명적인 결과를 초래하는 것은 물론이다. 예를 들어 특정 지도자에 의한 해당 구성원들의 집단자살이나 집단학살 등이 있다.

집단사고는 소수의 우수한 집단이 현실적인 상황에 대한 정보와 반대집단에서 격리된 채 강력한 지도자 밑에서 중요한 일을 계획할 때 일어날 수 있다.

이러한 집단사고는 집단이 처한 상황이 매우 중요한데, 해당되는 상황적 특징은 다음과 같다.

① 집단구성원들은 매사를 낙관적으로 생각하고 극단적인 모험적 선택을 한다.

② 집단구성원들은 의사결정시 아무런 의문을 제기해서는 안되며, 의사결정이 만장일치로 이루어졌다고 생각한다.

③ 집단구성원들은 의사결정 내용과 상반되는 증거들에 대해 스스로를 방어한다.

④ 집단사고는 매우 강력하고 역동적인 지도자를 갖고 있는 응집력이 높은 집단에서 흔히 일어난다.

3. 집단갈등(Group Conflict)

집단간의 갈등은 항상 존재한다. 이러한 갈등을 해소하는 데는 어떠한 해결책이 있을 수 있는가를 다음의 사례에서 알아보자.

두 집단의 반목적이고 적대적인 관계를 우호적인 관계로 바꾸기 위해 실험을 했다. 각각 11~12세의 소년 11명으로 구성된 두 개의 집단을 만들어 캠핑을 하게 했다. 그들은 원래 서로 모르는 사이였다. 따라서 처음 며칠 동안은 서로 자연스럽게 사귀도록 했다.

본격적인 실험은 세 가지 단계로 구분되었다.

첫 단계에서는 두 집단의 접촉은 없다. 각 집단은 보물찾기, 요리, 캠프파이어 등으로 자기들끼리 만의 시간을 가짐으로써 집단내의 아이들과만 사이좋게 지내게 했다.

둘째 단계에서는 두 집단 사이에 경쟁적인 게임을 하게 했다. 그 결과 상대집단에 대해 적대의식을 갖게 되었다. 상대방의 방갈로를 습격하여 물건을 훔치기도 하고, 서로를 헐뜯었다. 경쟁이 치열할수록 각 집단의 결속력과 사기는 높아갔다.

셋째 단계에서는 두 집단이 동시에 영화를 관람한다느니 식사를 함께 하는 등 동일한 활동에서 서로 접촉하게 했다. 그러나 이 접촉은 둘째 단계에서 생겨난 적대의식을 불식시키지 못했다.

두 집단의 화해를 위해 세리프는 공동의 목표를 가지도록 했다. 캠핑장에 필요한 급수시설이 고장이나 그것을 고치는데 집단성원 모두의 힘이 필요하다고 알렸다. 그러자 아이들은 수리작업에 힘을 합쳤고, 그 결과 두 집단 사람들은 서로 터놓고 말을 나눌 수 있게 되었다. 또 아이들이 좋아하는 영화를 상영하기 위해 자금이 필요한데 캠핑예산으로는 모자란다고 했다. 그러자 모두들 기꺼이 돈을 내놓아 영화상영을 할 수 있게 되었다. 그 후에도 두 집단은 함께 여행을 하면서 텐트를 같이 세운다든지 식사준비를 한다든지 했다. 그 결과 두 집단은 서로 우호적인 감정을 갖게 되었다.

이 실험결과 두 집단이 아무리 갈등과 질시가 있다 해도 '공동의 목표달성'을 위해 협동하지 않으면 안 되는 상황이 되었을 때 서로 힘을 합침으로써 목표 달성감을 공유할 수 있다는 사실을 보여주었다.

제 3 절 집단행동

1. 집합행동

노사분규, 종교집회, 정치적 시위, 학생데모 등 집단적으로 수행되는 행동을 집합행동(collective behavior)이라 한다. 집합행동은 계획적인 경우도 있지만 대체로 치밀한 사전계획 없이 자발적으로 일어나는 경우가 많다. 그 대표적인 두 가지 예가 공황과 폭동이다.

공황(Panic)은 개인이 위기상황에서 제한된 출구에 접근하기 위해 경쟁하는 사회적 혼란의 한 형태이다.

영화관람 도중에 불이나 극도로 당황하여 한꺼번에 출구로 몰려 서로 먼저 나가려고 밀치는 행위가 바로 공황이다. 각자 이성을 찾고 상황을 냉철히 판단하면 더 빠른 시간내에 많은 사람들이 출구로 빠져나갈 수 있다. 그러나 그냥 모인 군중집단 상황에서는 이런 판단을 하기 어렵다.

폭동(Riot)은 분노나 폭력을 포함하는 비교적 자발적이고 비협의된 집단행동이다. 이러한 폭동은 통제하기 어렵고, 어떻게 발전해 나갈지 예측하기 어렵다.

혼자 있을 때는 엄두도 내지 못하던 행동을 군중 속에서 과감히 하는 경우가 많다. 군중으로 있을 때 자제력을 잃고 무책임하게 행동하는 이유는 무엇보다 집단 속에 있으면 개인의 익명성이 보장되기 때문이다. 이 익명성은 탈개인화현상을 가져와 혼자 있을 때 정상적으로 할 수 없던 행동도 집단에서는 할 수 있도록 만든다.

나아가 집단적 행동은 처벌을 하기 어렵다고 생각하기 때문이다. 개인이 그런 행동을 하면 개인적으로 처벌을 받지만 집단적으로 하면 책임이 분산되거나 모호해진다.

군중집단은 설득력이 강한 사람의 선동에 약하다는 점이다. 이런 점에서 군중집단이 이성을 전혀 가지지 않는 것은 아니지만 설득된 쪽으로 편중되어 있어 다른 쪽을 생각하지 않는 면이 강하다.

2. 군중행동

평상시에는 점잖고 학식이 있고 사회적 지위가 높은 사람도 제복을 입고 예비군 훈련장소 같은 곳에 가면 평소와는 달리 거칠고, 자유분방하고, 상스러운 말도 거침없이 하며, 지나가는 여자도 건드린다. 평소에 착실한 학생이 시위대 속에 있을 때 교수에게 험담을 하거나 기물을 파괴한다. 혼자 있을 때에는 생각지도 못하던 극단적인 일을 집단에 휩쓸려 극단적이고 비이성적 행동을 한다.

이런 행동을 군중행동(mob behavior)이라 한다.

사람의 행동은 사회규범에 의해 엄격하게 통제된다. 그러나 군중 속의 사람들은 흔히 야만적이고 파괴적인 본능들이 자유롭게 충족되는 것을 느낀다. 그 이유는 억제 불가능성과 익명성이다.

이러한 현상을 탈개인화라 한다.

사람이 군중을 이루면 자신의 책임감이 상실되고 처벌에 대한 위협도 감소하면서 불법적인 폭도행동은 물론 충동적 행동마저 나타난다.

그렇다고 군중행동을 탈개인화로만 설명할 수 있는 것은 아니다. 군중행동이 설득력이 강한 사람의 설득에 의해 일어날 수 있기 때문이다.

군중행동이 사회적으로 역기능만 하는 것은 아니다. 순기능도 한다. 집단의 영향을 받게 되면 사회적으로 가치 있고 바람직한 행동을 촉진시킬 수 있다. 구호 및 사회봉사활동이 집단적으로 이루어지는 것이 그 보기이다.

제 4 절 집단상담과 팀정신

1. 집단상담

집단상담은 정서적인 갈등이나 부적응행동을 다루기도 하지만 구성원의 발달상의 문제, 대인관계, 가치형성, 자기이해, 자아실현 등 성장적이고 발달적인 적응강화에도 관심을 가진다.

집단상담은 비교적 건강한 사람들로 하여금 그들을 괴롭히는 문제를 서로 내어놓고 토의하도록 돕고 가능한 대안을 선택하도록 돕는 과정이다. 이 과정에서 집단구성원이라는 관계 속에서 인간관계의 역동성 그리고 상호원조 등을 삶의 경험을 갖게 된다.

집단상담의 과정은 추구하는 목표와 유형에 따라 다르지만 주로 시작단계, 참여단계, 과도적 단계, 작업단계 그리고 종결단계를 거친다.

1) 시작단계

시작단계에서는 집단의 연령과 교육수준 등에서 너무 이질적이지 않게 구성하되 10명 내외로 한다. 주 1~2회 모이며 모일 때마다 90여 분의 시간을 갖는다.

2) 참여단계

참여단계에서는 상담자는 집단원 상호간의 친숙과 함께 개방적 분위기를 구축하도록 한다. 자기소개, 자기 문제기술, 생의 중요한 경험 등을 서로 나눌 수 있게 한다.

3) 과도적 단계

참여단계가 지나 과도적 단계에 들어서면서 자기이해와 타인이해를 촉진토록 한다. 구성원들은 피드백을 통해 느낌과 지각의 교환이 유익하다는 것을 알게 되며, 위험과 불안감이 사라지면서 저항과 방어가 감소되고 자기개방이 촉진된다.

4) 작업단계

작업단계에서는 신뢰분위기에서 자신의 문제를 객관적으로 보고 서로 도우며 바람직란 행동이 나타나도록 한다. 역할연기, 장점 말하기, 개선점 말하기, 자기패배적 행동에서의 얻은 효과 말하기 등의 방법을 활용한다.

5) 종결단계

마지막의 종결단계에서는 집단내의 변화와 구성원들의 변화에 대해 서로 피드백을 받으며 앞으로 문제에 대해 토의하고 상담을 종결한다.

2. 팀 정신

보통 집단에서는 상호신뢰나 소속원이 함께 지향하는 공동의 목적이 존재하지 않지만 팀에는 모든 노력이 공동의 목적을 지향한다. 따라서 팀 정신을 가질 경우 모든 구성원은 각자의 전문성을 살려 공동의 노력이 지향하는 결과를 극대화시킨다. 갈등이 생겨도 새로운 사상과 창조성을 일으킬 수 있는 기회로 간주한다.

성공적인 팀을 위해서는 주인의식을 가지도록 해야 한다. 이를 위해서는 추구하는 목적과 목표가 분명하고, 그 가치에 동조해야 한다. 신뢰와 협조 가운데 일을 추진하기 위해 의사결정과정에 참여시킨다. 갈등이 생기더라도 서로 존중하는 가운데 충분히 의견이 개진되도록 하고 협동할 수 있는 길을 모색한다. 일의 효율성과 효과성 모두가 성취되도록 하며, 구성원의 능력이 최대한도로 발휘되도록 배려한다. 아울러 자기가 소속된 팀만 생각하는 것이 아니라 조직내의 다른 팀과도 함께 협력해 나감으로써 공동의 이익을 추구해 나간다.

〈도움되는 사례 4장〉

(1) "빅토르 파레토의 2 대 8 원칙"

이탈리아의 경제 및 사회학자인 파레토는 자신의 나라인 이탈리아의 토지 소유권을 연구한 결과 실제로 전체 토지의 80% 이상을 20%도 안 되는 소수의 사람들이 소유하고 있다는 걸 밝혀냈다. 아울러, 사람들이 소유하고 있는 다른 분야에서도 같은 원칙이 적용된다는 것을 알아냈다. 즉, 무엇이든지 그 대상의 80% 정도를 20% 소수가 소유하고 있다는 것이다. 이것이 유명한 파레토 원칙(Pareto Principle)이라 하고, 2 대 8 원칙 또는 80/20 원칙이라고도 한다.

경제학적 측면에서 전 세계 자산을 전체 인구에게 균등하게 분배한다면 여기서도 결국에는 20%의 사람들이 80%의 자산을 소유하게 되어 있다는 것이고, 이 원칙에 경제와 사회학자들도 부정하지는 않는다.

이 원칙은 조직에서도 그대로 적용된다는 것을 알 수 있다. 우리가 열심히 일하는 집단으로 잘 알고 있는 개미집단에서도 자세히 살펴보면 실제로 일하는 집단은 20% 정도 밖에 안 된다는 사실이다. 아울러, 20%만을 따로 분리하여 살펴보면 그 중에서도 또한 20%만 실제로 일에 전념하고 나머지는 별 도움이 안 된다는 사실이다.

우리 인간관계 속의 조직은 어떠한가? 마케팅 영업판매 분야를 살펴보자. 20% 정도의 판매원들이 회사 매출의 80% 이상을 책임지고 있다는 놀라운 사실이다.

우리가 긍정적인 분야로 보고 있는 자원봉사자들은 어떠한가? 그 해당 집단의 20%의 사람들이 완수된 전체 업무 중 80% 이상을 하고 있다는 사실에 공감이 갈 것이다. 우리가 업무를 여러 사람과 같이 처리할 때 적어도 그 이익의 80%가 같이 한 사람들 중 20%밖에 안 되는 수에서 비롯되지는 않았는가? 그렇다면 그 수에 해당되는 소위 생산적인 사람들은 누구인 것인가를 생각해 봐야 한다. 그들 중에 내가 포함되어 있는가를 생각해 봐야 한다. 만약 포함되어 있지 않다면 본인을 위해서나 조직을 위해서도 크나 큰 낭비가 아닐 수 없다.

이와 같은 2 대 8원칙과 관련하여 또 하나 반드시 고려해 볼 것이 그 반대의 경우인 것이다. 이와 같이 20%의 소수가 80%의 결과를 이끌어 낸다고 하면, 결국에는 이는 나머지 80%에 해당되는 조직에서의 활동을 모두 합해 봐도 나머지 20%의 결과만을 내게 된다는 말이 된다. 이는 조직에 있어서는 엄청난 시간과 에너지의 낭비라는 경우를 나타내는 것이므로 심각한 현상이라 아니 할 수 없다.

이러한 원칙을 볼 때 우리는 20%에 대한 활동에 관심을 가지는 것이 매우 중요하다는 것을 인식해야 한다는 것이다. 현재 학생으로서의 학업과 과제를 위해 별 도움 안 되는 80%에 매달리고 있지는 않은지 살펴보고, 중요한 프로젝트를 실행하는 데 있어 역시 별 도움 안 되는 80%에 집중하고 있지 않은지, 여타 동아리 조직에서의 본인 발전을 위한 활동에 있어서도 별 도움 안 되는 80%에 시간과 에너지를 필요없이 낭비하고 있지 않은지 등을 되돌아보기를 바란다. 이러한 20%를 항상 중요시 하는 몸에

베인 습관이 결국에는 향후 회사 취업시 어떠한 조직에서도 업무 중요도를 잘 구분할 줄 아는 훌륭한 사원으로서 인정받는 밑거름이 되기 때문이다.

*빅토르 파레토 : 이탈리아의 경제/사회학자.
자원이 가장 효율적으로 배분된 상태를 뜻하는 신후생경제학의 길을 열었고 통계조사에 입각해 소득 분포의 불평등 정도를 나타내는 파레토의 법칙(Pareto Principle)을 도출했다.

(2) 신뢰경영이란?

'좋은(Good)' 회사와 '뛰어난(Great)' 회사의 차이점은 무엇일까. 바로 신뢰다.

신뢰야말로 그저 좋다는 평가를 받는 회사와 진정으로 뛰어난 회사를 구분하는 지표다. 신뢰를 기준으로 뛰어난 기업을 찾기 시작한 것은 81년의 일이다. 미국 기업들의 신뢰지수를 조사하기 위해 미국 전역에서 150개 기업을 선정해 해당기업의 임직원들과 집중적인 인터뷰 및 설문조사를 실시했다.

설문에 앞서 해당기업의 급여와 근무환경에 대한 서면 자료를 입수해 분석했다. 그런데 각 기업들이 보내온 급여나 복리후생관련 자료만으로는 조사대상 기업들 사이에서 특징을 구분해 내기가 대단히 어려웠다. 설문에 참여하는 기업들은 모두 높은 급여수준을 유지하고 있었고 복리후생도 상당히 잘 갖춰 놓고 있었기 때문이다. 근무환경도 물론 좋았다. 즉 설문에 참여한 기업은 모두 '좋은' 기업이었다.

그런데 실제 개별기업을 방문해 직원들과 인터뷰한 결과 좋은 기업들 사이에도 더 좋은 기업이 있다는 사실을 발견했다. 어떤 기업의 직원들은 사장 등 경영진에 대해 대단히 열정적인 태도를 갖고 있었다. 이들이 보여준 열정은 단지 직업 이상의 애착이었다.

자신의 회사가 제공하는 것은 적정한 수준의 급여와 가족을 부양하기 위한 복리 이상의 것이라고 느끼고 있었다. 기업의 경영진과 관리자들에게 진정한 신뢰를 갖고 있던 것이다. 업무에 대한 태도도 다른 기업의 직원들과는 달랐다. 우선 그들의 일이 완벽하게 수행된다고 느끼고 있었다. 또한 다른 직원들과의 관계도 좋았다.

즉 설문에 응한 기업은 급여나 복리후생의 관점에서 보았을 때는 모두 좋은 기업이었지만 신뢰지수라는 척도를 놓고 보았을 때는 일부 기업만이 단지 좋은 기업 이상의 의미를 갖고 있는 '뛰어난' 기업이었다. 특히 직원들의 시각에서 보았을 때 그러했다.

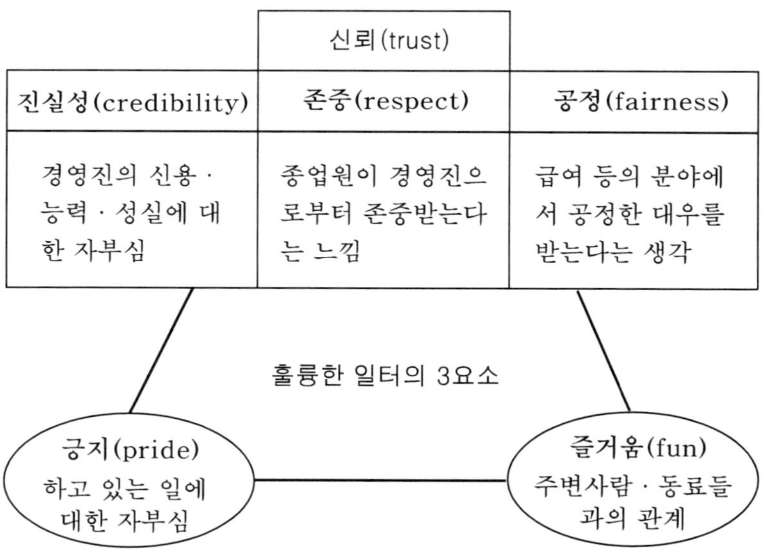

1-1. '좋은' 기업과 '뛰어난' 기업의 차이

신뢰지수는 이미 81년부터 매년 미국 전역에서 골고루 선발한 기업들을 대상으로 조사했다. 조사한 내용을 더욱 정교하게 하기 위해 과거 수년간 조사를 통해 진정으로 뛰어난 기업으로 밝혀진 기업 중 20개사를 추려 다시 방문했다. 이들 기업을 방문해 집중적으로 조사하면서 다시 한번 확인한 내용이 있다. 뛰어난 기업이 되기 위해서는 단지 높은 급여와 복리후생만으로는 부족하다는 사실이다.

실제로 1백대 우수기업으로 선정된 업체들이 복리후생과 급여를 제공하는 방법을 보면 아무런 공통점도 찾을 수 없다. 어떤 기업은 이익을 분배하지만 그렇지 않은 기업도 있다. 그런데 급여나 복리후생 대신 두드러지게 나타나는 유사한 점이 있다. 바로 직장 내에서 발전되는 인간관계의 질이다.

직장 내에서 형성되는 인간관계는 3가지 측면에서 볼 수 있다.

우선 경영진과 종업원 사이의 관계다. 진정으로 뛰어난 직장에서는 상당히 높은 수준의 신뢰가 형성되어 있다.

둘째는 업무와 직원 사이의 관계다. 뛰어난 직장의 종업원들은 대단히 높은 수준의 긍지를 갖고 각자 맡은 업무를 처리한다.

끝으로 종업원들 사이의 관계가 있다. 뛰어난 직장에서는 종업원들 사이에 강력한 동료의식이 형성되어 있다.

1-2. 신뢰는 진실성 · 존중 · 공정성으로 파악

이런 사실을 바탕으로 도출된 개념이 '위대한 일터(Great Place to Work)'다. 위대한 일터는 다음 3가지 측면에서 볼 수 있다.

△ 경영진을 믿을 수 있는 직장

△ 업무에 긍지를 갖는 곳

△ 함께 일하는 사람과의 즐거움

등 3가지가 위대한 일터의 핵심적인 내용이다. 이런 개념을 이용해 신뢰지수가 개발된 것이다. 신뢰지수는 좋은 기업과 뛰어난 기업을 구분하는데 계량화해 분석할 수 있는 도구다.

신뢰지수를 측정하기 위한 설문은 모두 51개의 문항으로 이뤄져 있고 신뢰의 3가지 측면을 파악할 수 있게 되어 있다.

첫째는 진실성(Credibility)이다. 진실성에는 신용, 능력, 성실 등의 관점에서 종업원들이 경영진을 평가하는 내용이 포함되어 있다.

둘째는 존중(Respect)이다. 종업원이 느끼는 경영진의 종업원 평가에 대한 내용이다. 이 문항은 경영진이 종업원들에게 애정을 표시하는가의 여부를 나타내게 되어 있다. 여기에는 종업원들의 일이나 근무조건 등에 영향을 미치는 의사결정이 포함되어 있다. 또한 종업원들을 단지 피고용인이 아닌 개인으로 여기는 자세도 포함되어 있다.

셋째는 공정성(Fairness)이다. 직원들이 급여 등과 같은 분야에서 공정하게 대우받는다는 느낌을 갖고 있는지 파악하는 것이다.

좋은 기업과 뛰어난 기업의 구분을 검증하기 위해 심층조사방법도 이용했다. 특정기업을 선정해 전 직원을 상대로 집중적인 조사를 실시하는 것이다. 특별히 별도의 그룹을 형성해 심층조사를 했다. 물론 결과는 마찬가지였다.

제 5 장

기업조직에서의 인간관계

기업내에서 종업원으로부터 무엇이 사기를 앙양(昻揚)케 하고 있을까? 종업원은 어떤 기분으로 일하고 있는가? 회사 일을 어떻게 생각하고 있을까? 종업원은 자기 일에 열의를 가지고 있을까? 혹은 자기들의 일 자기생활밖에 생각지 않고 회사야 어떻게 되든 알 바 없다고 생각하고 있지나 않나? 이 같은 종업원의 기분을 알고 싶어하는 것은 경영자로서 또는 매니지컬·스탭인 직장의 리더로서도 염원(念願)하고 있음이 틀림이 없다.

종업원이 금전만을 위해 일하고 있을까? 월급이 오른다는 것을 낙으로 삼고 일하고 있는 것일까? 하는 것들을 생각할 필요가 있다. 그러나 "사람은 빵만으로 사는 것이 아니다"라고 성경에서 말하고 있는 것처럼 사람은 금전만을 위해서 일하고 있는 것이 아니다.

종업원이란 것은 일을 마친 뒤 만족감을 얻을 수 있는 일을 하고 싶다는 욕망이 있다. 즉 이 작업을 끝내면 자기가 작업 같은 작업을 했다고 마음 속으로부터의 만족을 느낄 수 있는 작업 이 작업을 해서 좋았다고 마음속에 새길 수 있는 작업을 해보고 싶다. 이러한 욕망이 첫째 있을 것이다.

둘째로는 자기가 한 일의 가치를 남으로부터 인정받고 싶어하는 염원(念願)이 반드시 있을 것이다. 즉 좋은 일을 해봤자 별로 칭찬해 주는 사람도 없다 자기는 회사를 위해서 거래선을 위해서 훌륭한 일을 하고 있다고 생각하지만 거기에 대해 회사는 아무런 인정도 해주지 않는다. 이래서는 종업원은 훌륭한 일을 하려는 기분이 나지 않는다. 훌륭한 일을 했을 경우 그 가치를 곧 상사로부터 인정받고 싶은 기분은 인간인 이상 반드시 있는 법이다.

셋째로 종업원이란 것은 승진의 찬스가 있는 것을 희망한다. 즉 열심히 그 일을 하고 있으면 차차로 승진해서 더 좋은 일 더 좋은 지위에 앉을 수 있다는 희망을 가지지 못하면 자기의 계속적인 노력에 대해서 회사가 그만큼을 부여해 주지 않는다면 달리 말해서 자기의 노력과 회사와의 사이에 기분적으로 정신적으로 기브 앤 테이크(give and take)가 행해지지 않는다면 이 종업원은 탈기(脫氣)해 버리는 것이다.

넷째로는 종업원은 자기회사에 프라이드를 가지고자 하는 희망 즉 자기가 평생토록 일할 것이고 또 현재 전력을 다해 일하고 있는 회사가 세평(世評)도 좋고 어디보다도 낫다는 것은 가령 자기는 회사라는 큰 조직 속의 극히 작은 세포(細胞)로서의 일원이라 할지라도 귀가해서 처자에 대해서 또는 우인(友人)에 대해서 나는 이런 회사에 근무하고 있다고 자랑스럽게 이야기할 수가 있기 때문이다.

다섯 번째로는 안정성이란 것이다. 즉 회사의 업적이 안정되어 있어 자기가 나이를 많이 먹어도 또 병이 들어도 걱정 없이 있을 수 있다. 그리고 가족이 곤란(困難)을 겪지 않을 만큼의 급료를 받고 싶다.

여섯 번째의 희망은 일하는 환경이 좋았으면 하는 것이다. 즉 안전하고 위생적이며 쾌적한 직장 또는 휴게실, 회사식당, 이러한 것들을 종업원들은 희망한다.

따라서 이 여섯 가지 희망을 가질 수 있다면 대개의 종업원들은 만족하고 회사를 위해 일하고 있다고 생각해서 어김이 없을 것이다.

즉, 경영자는 종업원들의 창조적인 정신과 적극적인 사기를 고취(鼓吹)시키기 위해서는 이상의 여섯 가지의 욕구를 충족시켜 주지 않으면 안 된다.

여섯 가지 가운데 넷 또는 다섯이라도 좋다. 종업원들은 이들 욕구 중 반 이상이 충족된다면 그 사기는 눈에 띄게 앙양(昻揚) 되는 것이다.

제 1 절 완전한 커뮤니케이션

한사람의 마음에서 다른 사람의 마음으로 정확하게 어느 사실을 전한다는 것은 그것만으로도 크게 어려운 일이다.

즉, 말의 기술이라든가 또는 말에 대한 잠재의식의 상위(相違)라든가 선입관 거기다 쌍방의 지식정도가 틀린다든가 경력이 틀림으로써 같은 표현으로 말을 해도 받아들이는 쪽이 어떻게 흡수할 것인가? 즉, 알기 쉽게 말해서 수신기(受信機)가 틀림으로써 같은 전파라도 갖가지로 수취(收取)되는 것이다.

그와 같이 어느 한가지의 일들을 타인의 마음으로 커뮤니케이트(전달)한다는 것은 어려운 일이다. 직장에 있어서 종업원들에게 '어느 것에 대해 흥미를 갖게끔' 커뮤니케이트한다. 또는 '어느 것에 대해 납득하게끔' 설득한다. 또한 '어느 것에 대해 의견을 구한다'는 경우의 커뮤니케이션 혹은 '어떤 행동을 일으키기 위해서'의 커뮤니케이션 등 커뮤니케이션이란 실로 어려운 것으로 특히 그 커뮤니케이트하는 방법이 조금이라도 틀렸거나 또는 부족했을 때는 직장 안에서 또는 직장과 직장 사이에 허다한 오해가 생겨나는 것이다.

종업원에게 커뮤니케이트하는 경우에는 먼저 상대를 잘 관찰하고 상대방의 마음의 상태라든가 작업의 상황, 태도, 경력, 능력 혹은 그룹에 있어서의 지위라든가 그러한 것을 잘 판별해서 이야기하지 않으면 뜻밖의 결과가 생기기도 한다. 즉 상대의 오해를 초래 초기의 목적을 다하지 못하게 된다.

둘째로는 이쪽이 이야기하려는 것에 상대가 어떤 반응을 보일 것인가도 생각해 볼 필요가 있다. 즉 상대의 이해능력의 정도에 따라 어느 일정된 설득이어서는 좀처럼 이해를 바라기 곤란한 경우가 있다. 그래서 임기응변, 경우에 따라서는 이야기 방법을 바꾼다든지 알기 쉬운 예를 들 필요가 있는 것이다.

셋째로는 설득하는 이의 태도라든가 표정 또는 음성이 빚어내는 분위기에 유의할 필요가 있다. 즉 그러한 태도, 표정, 음성이 분위기에 유효한 것으로 싸여져 있지 않으면 상대는 경계해버려 우렁이나 소라가 뚜껑을 닫아버리는 것처럼 점점 굳어져 버려 이쪽의 의사나 호의 등을 상대에게 전달할 수가 없게 되어 버리는 것이다.

그래서 종업원에 대한 전달이라는 것은 때와 장소 그리고 상대방의 기분을 생각해 주지 않으면 때때로 실패하는 일이 있다. 더구나 그것은 종업원의 사기저하의 원인이 되기도 하는 것이니 유의하지 않으면 안 된다.

또 이 때문에 요즘에는 '사내보'나 '직장보'라는 것이 충실해지고 있다. 이 사내보나 직장보에서는 되도록 회사의 근황을 또는 업계동향 등 기사를 실어 회사의 업계에 있어서의 지위라든가 발전상 혹은 업계가 이렇게 움직이고 있어 경제계에 좋은 영향을 미치고 있다. 그러니까 이 작업에 종사하고 있는 종업원 제위(諸位)는 우리 나라에 있어서 이와 같은 의의있는 일을 하고 있다는 것을 알게끔 기사를 게재할 일이다.

예컨대 회사내부의 동향, 인사이동을 상세히 전하고 또 명부의 움직임, 가령 야구부는 이런 일을 하고 있다든가 탁구부는 어떠어떠한 트레이닝법을 취하고 있다는가 낚시회에서는 어디로 가서 무엇을 낚아 누가 1등을 차지했으며 이 같은 모임에는 어떻게 하면 당장 입회할 수 있다는 것 등을 보도해 주고 사원식당의 바람직한 존재에 대해서는 종업원의 의견을 모집하고 좋은 의견이 있을 때는 아낌없이 그것을 실어준다.

이와 같이 회사의 전종업원이 자기가 맡고 있는 일의 사회적 의의에 대해 아는 것은 물론 후생시설에 대해선 때론 종업원의 아이디어도 채택 게재한다는 등으로 사내보 직장보는 편집해 나갈 일이며 턱없이 까다롭게 길다란 사장의 '명문' 등은 싣지 않을 일이다.

특히 종업원에의 커뮤니케이션이란 것에 유의할 경우 가령 인

사이동 때에는 그저 ○월 ○일에 군은 아무공장의 어느 계로 전속한다는 등 사령(辭令)에 쓰여진 것을 그대로 말하기보다는 "○○군은 경험이 있으니까", "○○군은 솜씨가 좋으니까" 또는 "그쪽에는 숙련자(熟練者)가 별로 없으니까 ○○군과 같은 숙련자(熟練者)가 가는 것은 회사를 위해 매우 좋은 일이며 특히 그쪽 미숙련자(未熟練者)를 교육시키기 위해 군에 가도록 한다"는 등 되도록 상대의 사기를 고양시키도록 세밀한 사령(辭令)을 주면 그 사람은 용약(勇躍)해서 새 직장으로 가서 좋은 실적을 올리게 된다.

즉, 이동이란 것은 인간으로선 누구도 좋아하지 않는 것으로 이동이라는 밑바닥에는 불안이 따르는 것이다. 그 불안을 먼저 씻어 준다. 그리고 현재보다도 좋다든가 회사는 군을 신뢰하고 있다든가 하는 것을 말해 주면 상대는 기꺼이 새 직무에 임하는 것이다.

종업원에의 커뮤니케이션이란 것은 이 같이 어느 정도의 테크닉은 필요한 것으로 반드시 있는 그대로를 드러내어 전달하는 것만이 능사는 아닌 것이다.

요즘 우리 나라에도 카운셀링 즉, 인사상담이란 계가 생겨 종업원의 욕구불만의 처리에 당하고 있는데 이것도 덮어놓고 딱딱한 것만 생각하지 말고 요는 "종업원의 사기를 앙양(昻揚)시킨다"는 것에 목적이 있으므로 상대가 말하는 것을 깊은 이해로써 들어주는 것이 중요하다. 즉 인간이란 것은 자기가 이야기하는 것을 상대가 잘 들어주면 그것만으로도 만족하는 것이어서 다시 말해 그것만으로도 자기의 불평불만이 해소된 것 같은 기분이 되는 것이다.

그래서 카운셀링 즉 카운셀러라는 것은 이러한 듣는 솜씨도 연마하지 않으면 안 된다. 카운셀러라는 것은 회사전반의 일에 능통한 사람, 상식이 구비(具備)되어 있는 사람, 오랜 경험을 쌓은 사람이라는 세 가지 점을 감안해서 카운셀러를 임명하는 것이다.

그래서 카운셀러가 되는 사람은 왕왕 그 회사의 지킴이 같은 사람이니까 종업원과 회사와의 사이에서 종업원의 불평불만이라든가 곤란을 겪고 있는 일들을 회사를 대신해서 처리를 해주지 않으면 안 되는 것이 그 임무임에도 곧잘 오랜 경험이라든가 직감에 따라서 처음부터 어떤 선입관을 가지고 원인이나 진상이라는 것을 상정하고는 상대방의 말을 잘 듣지도 않고 단정을 내려버리기도 한다. 또한 무엇이든 부담감 없이 있는 그대로를 상대가 이야기하도록 하는 것이 목적인데도 듣는 역할이 되레 설득역할이 되어 버려 자기가 도덕과목의 선생이라도 된 듯이 장광설을 행하는 수도 있다. 이래서는 상대방의 입장을 이해하고 상대의 기분을 통찰(洞察)하기는커녕 본래의 목적에서 이탈하는 것이니까 조심하지 않으면 안 된다.

즉 직장에 있어서의 인간관계라는 것은 여러 각도에서 연구되고 또 개선되지 않으면 안 되는 것으로 요는 종업원에게 기분좋게 일하도록 종업원이 만족감을 갖게끔 직장 전원의 사기를 앙양(昂揚)하는 것이다. 그리고 종업원의 총력을 생산에 집중케 한다. 이것이 목적이니까 여러 가지 잡음에 마음이 흔들리거나 또는 잡음을 넣도록 하거나 너무 새로운 커뮤니케이션을 하는데 지나치거나 용두사미에 그치게 해서는 안 되는 것으로 생각된다.

제 2 절 직장에 있어서의 팀워크

1. 리더십이 있는 관리자

기업조직이라는 것은 작업조직인 동시에 인간조직이다. 그 조직도 커지면 그만큼 업무도 복잡하게 되고 또 많은 사람이 움직이게 된다. 그래서 사장(top leader)이라는 것이 있어, 전체를 지도통솔하지 않으면 안 된다. 또한 그 밑에 몇몇의 부장이나 과장이라는 리더가 있어, 각 부문이나 각 직장의 지도통솔을 다해 나가지 않으면 안 되게 된다. 그리고, 이 리더의 잘잘못에 따라, 즉, 이 경우 한 직장을 관리하는 관리자(부장 · 과장)의 잘잘못에 따라, 직장이라는 작업조직인 동시에 인간조직의 사기가 고조(高潮)되기도 하고, 감퇴되기도 한다.

그래서 근대산업에 있어서는, 관리자라는 것은, 부하의 사기를 앙양(昻揚)시켜, 부하로 하여금 적극적으로 일할 의욕을 갖게끔 하는 리더가 아니면 안 된다. 다시 말해, 리더십을 발휘할 수 있는 관리가 아니면 안 된다고 할 수 있다.

리더십이 풍부한 사람은, 리더가 해야 할 역할을 체득(體得)해서, 부하의 희망에 따라 부하를 만족시켜, 부하의 총력을 결집시킬 수 있는 능력이 있는 사람을 말한다.

그러나 직장에도 여러 가지 직장이 있어, 어느 직장에선 온순한 리더가 와도, 작업을 잘 수행해 갈 수 있는 경우도 있고, 어느 직장에서는 전투적인 리더가 아니고는, 그 직장 사람들의 마음을 한곳으로 묶어, 이끌어 갈 수가 없는 경우도 있는 것이다.

리더십이 있는 관리자라고는 하나, 인간은 천차만별, 온순한 사람도 있겠지만, 때론 전투적인 사람도 있다. 그러나 직장을 구성하고 있는 종업원이란 것이, 그 직장, 직장에 의해서 다르니까, 관리자의 특질이 달라도, 즉 온순한 종업원이 모여 있는 직장에는 관리자도 적재적소에, 직장(職場), 직장(直腸)에 있어서의 인적구성이란 것이 생각되는 것이다.

특히, 관리자로서의 리더십의 발휘라는 것은, 첫째로 직장의 전인원이 충분히 직능을 발휘하게끔, 여러 가지 일을 조정해 주는 것, 또 둘째로는 부하에의 전달, 즉 커뮤니케이션을 좋게 해서, 부하의 불평불만을 없애고, 또 부하의 작업가치를 판단해서, 때론 부하에게 주의를 주고, 어느 때는 부하를 칭찬해서, 부하의 사기가 꾸준히 높아지도록 하지 않으면 안 되는 것이니까, 부장이나 과장이라는 리더는 견실하고, 활달하고, 실행력이 있는, 사교성이 있는 사람이 바람직스런 것이다.

또 부하의 승진 승급의 일에도, 공평하게 이를 행하고, 부하를 걱정시키지 않고 작업에 정진하도록 하는 것이 필요한 것으로, 공평하며, 감정에 사로잡히지 않은 평온한 성질이 바람직하다.

거기다 기업이란 것은 '발전해 간다'는 지상명령을 숙명적으로 짊어지고 있는 것이므로, 적극적인 행동성과 기획성을 리더에 구하고 있는 것이다.

• 리더십과 헤드십

관리자라 해서, 반드시 리더십을 가지고 있다고는 할 수 없다.

오히려 리더십을 지니지는 못하나, 헤드십은 가지고 있다는 리더가 많은 것이다. 알기 쉽게 말하면, 고집불통, 독재적인 과장은,

리더십은 갖고 있지 않으나, 헤드십은 지니고 있다고 할 수 있다.

즉, 리더십이란 것은, 앞서 말한 바와 같이, 직장 전원의 사기를 앙양(昻揚)시키고, 모두의 납득을 전제로 총력을 발휘케 하는, 이것이 리더십이다.

헤드십이란 것은, 그저 목에 힘을 주고 있으면 되는 것으로, 즉 권력이나 압력으로써 사람을 움직이게 하는 것이 헤드십이다.

그래서 약간 성격적으로 문제가 있는 사람이라도, 부장이나 과장의 직책을 행할 수가 있는 것이다.

거기다 옛날 기업에 있어서는, 이와 같은 헤드십만이 운위(云謂)되어, 위엄있는, 부하에 압력만을 가하는 부장이나 과장이, 각 부장, 각 과장인양 인정받았던 시대가 있다. 그러나, 근대경영에 있어서는, 헤드십만의 부장, 과장은 기업전체로 말하자면 바람직스럽지 않은 존재이고, 오히려 부하를 위축시키고, 부하의 사기를 저하시키는 존재가 되는 것이다.

팀워크(tem work)가 짜인 기업체란, 많은 리더십이 있는 관리자(부장·과장)나, 좋은 리더십을 가진 비즈니스 매니저, 이러한 사람들을 많이 갖춘 회사라 할 수 있다.

즉 옛날엔 압력이나 권력만으로 팀워크가 짜인 것 같이 보인 시대가 있었으나 그 것은 표면만이 팀워크이었고, 그 당시라 할지라도 종업원개인, 개인에 있어서는, 결코 업무에 애착을 갖고, 본업을 위해서 자기의 총력을 발휘한다는 생각은 없고, 단지 상사가 무섭고 겁이 나니 벌칙이 두려우니까 하는 수없이 일을 한다는 기분에 지나지 않았을 것이다.

그래서 헤드십이란 것은 이젠 과거지사이며, 지금부터의 직장에 있어서의 간부는 리더십을 발휘할 수 있는 사람이 아니면 안 된다는 것이다.

2. 리더(부장 · 과장)의 분류와 배치

인간이 천차만별이듯이 리더도 그 성격 · 경력 등에 따라 또한 몇 갈래로 나누어진다.

첫째는 '독재적 리더'. 이는 무슨 일이든 자기의사대로 결정해 버리고, 일방적으로 부하에 명령하고, 부하에 지시해 간다는 사람이어서 책임도 리더인 자기가 책임진다는 방식이다.

이러한 독재적 리더는 그 독재적인 리더가 비범한 재능의 소유자일 경우는 그 리더에 이끌려 가는 직장은 이상적인 발전을 하는 것이나 그 독재자가 병을 앓거나 또는 독재자의 재능이 둔해지거나 잘못을 저지르게 되면 직장전체가 수습하기가 어렵게 돼 버리는 경우가 많다.

아무것이나 "자기가 나쁘다면 나쁘다, 자기가 좋다면 좋은 것이다"라는 투로 자기가 법률이고 모든 것이라는 것으로 운용(運用)이 되니 부하는 맹목적으로 그 리더에 복종하고 있을 뿐 리더에 질타(叱咤)되고 있는 동안은 능률이 오르지만 이 독재자의 채찍이 무디게만 되면 능률은 저하되는 것이다.

특히 독재자가 결근이라도 한다면 직장내의 팀워크 같은 것은 있을 턱이 없고 지리멸렬(支離滅裂)되어 버리는 경우가 많다.

둘째는 '민주적 리더'. 이는 모든 일을 부하와 상의해서 부하의 입장도 생각하고 의견도 용납함으로써 납득을 전제로 그리고도 리더가 의도하는 방향으로 부하를 이끌어 가는 이것이 민주적 리더의 방법이다.

즉 부하의 창의, 노력을 활용하는 것도 잘하고 부하가 불평불만을 품지 않도록 부하를 납득시켜 부하의 능력을 발휘시키고 부하의 사기를 앙양(昻揚)케 한다. 도 부하의 모든 분야의 상담에 응해서 작업상의 힌트를 주고 적극적으로 장려하고 또한 소망에 따라서는 조언이나 목표도 준다. 이 같은 민주적인 리더는 현대적 경영에 있어서는 가장 바람직스러운 형이다.

셋째로는 '방임형 리더'이다. 이는 일절간섭(一切干涉)을 하지 않는다. 부하의 생각대로 작업을 시키고, 무엇이든 부하의 마음대로 일을 시킨다. 질책도 하지 않고, 칭찬도 하지 않는다. 그리고는 비판도 하지 않는다. 그야말로 방임이다.

이상과 같이 리더는, 성격에 따라, 열의에 따라, 대체로 세 가지 형으로 나누어지는데, 독재적 리더에 이끌리는 직장사람들은, 일반적으로 작업에 대해서 무감동일 경우가 많다. 그리고 그들은 자기들이 하고 있는 일에 대해서, 그 의의가 이러이러해야 한다는 존재도 알지 못한다. 아니라 생각해 보려고 한 적이 없는 것이다. 그같이 생각하려는 능력도 없고, 그저 리더에 의지할 뿐으로, 생각하는 것이 있다면, 리더의 기분에 어떻게 맞추느냐는 것뿐이며, 거기다 리더가 있는 동안은 작업에도 열을 내지만, 리더의 자취만 안 보이면, 능률은 반 이하로 저하되어 버리는 일이 생긴다.

즉, 리더의 부재가 능률을 두드러지게 저하시키고, 또 같은 직장사람들간의 커뮤니케이션도 없으므로, 그 직장의 사기는 리더가 없으면 형편없이 저하된다.

한편, 방임형의 리더에 이끌리는 직장은, 리더 자신이 방임하고 있으므로, 리더와의 공동관계는 아무것도 볼 수가 없고, 긴장도 없고, 따라서 리더와 부하 사이에 인간적인 연관도 아무것도 없고, 되레 부하가 리더를 무시하거나, 또는 리더를 가볍게 여기는 경향이 보인다.

이와 반대로, 민주적인 리더에 통솔되고 있는 직장이란 것은, 그 직장의 종업원 전부가 리더를 신뢰하고, 존경하며, 상호협력으로 건설적으로 행동하며, 작업량도 리더가 모습을 보이든 안보이든, 변함없을 정도로 능률이 오르고 있다. 서로가 열심히 연구하며, 그리고 리더는 종업원의 상담역이 되고 또는 지도하고 있으므로, 리더와 종업원 사이는, 상호만족하고, 서로 존경하고 있는 상태를 볼 수 있는 것이다.

근대경영에 있어서의 직장이라는 것은, 이러한 민주적인 리더와 같이, 이 민주적인 리더의 리더십 아래 실행해 가면, 완전한 팀워크가 짜여, 직장 전체의 사기는 항상 향상되고, 종업원의 독창적인 열의가 직장에 넘쳐흐르게 되는 것이다.

그렇기는 하나, 민주적 리더십이라는 것은, 직장간에 많은 조정과 좋은 커뮤니케이션이란 것을 필요로 하므로, 그리 쉽사리 명민(明敏)하고 통찰력이 뛰어난 자질을 지닌 리더란 얻어지는 것이 아니며, 따라서 전부의 직장에 이 같은 민주적 리더, 곧잘 리더십을 발휘할 수 있는 리더를 배치하기란 어려운 것이다.

그러므로, 기업의 톱 리더란 사장은, 각 직장, 직장조직의 구성원인 종업원의 성격이라든지, 또는 그 위에서는 리더의 성격 등을 감안해서, 민주적 리더의 적격성을 지닌 리더를 어느 직장에 배치했다면, 그 이웃의 다년간 방임형 리더 아래서 성적이 오르지 않았던, 말하자면, 종업원의 사기가 해이된 그런 직장에는, 독재적 리더를 배치해서, 그 리더가 가진 개인력에 의해 그 직장전체의 분위기를 긴장시키는 것 같은 방법을 쓰는 것이다.

그와 같이 각 리더는 자기직장의 팀워크를 짜는데 힘쓰고, 사장인 톱 리더는, 기업전체의 팀워크를 생각해서, 어느 직장에는 민주적인 리더, 어느 직장에는 독재적인 리더를 배치한다는 등으로 조정해 나가면, 기업전체의 팀워크가 짜여지는 것이다.

또 이 경우, 직제와 직장이란 것은, 기업의 헌법 비슷한 것으로, 그 확립은 각 리더에게 철저하게 인식시켜, 이를 절대로 범하지 않게 한다. 이것도 톱 리더로서 힘쓰지 않으면 안될 일이다.

제 3 절 조직의 동기부여 요소들

우선 인간관계에서 중요한 동기부여 요인은 상대에 대한 지속적인 관심이다. 관심은 상대의 마음을 일으키는 역할을 한다. 대화를 할 때 상대에 대한 관심을 잊어서는 안 된다. 이를 위해 다음과 같은 행동들이 필요하다고 하겠다.

1. 인간적 관심[1)]

(1) 상대를 향해 앉는다.

(2) 개방적인 자세를 취한다.

팔장을 끼는 것, 다리를 꼬는 것 삼가

(3) 때로 상대방을 향해 몸을 기울여 앉는다.

상대의 말을 진지하게 듣는다는 의미를 주며, 몸을 뒤로

1) 상게서, pp. 384-385.

짓히면 대화에 관심 없음을 나타냄.

(4) 시선접촉을 적절하게 한다.

노려보는 것이 아니라, 밝은 눈/부드러운 시선으로 바라본다.

(5) 긴장을 푼다.

몸의 자세, 움직임, 표정 등이 편안함을 느낄 수 있도록 한다.

(6) 관심이 있음을 보여준다.

상대가 말할 때 고개를 적절하게 끄덕거림으로써 사려깊게 경청하고 있음을 나타낸다. 시도 때도 없이 마구 끄덕이면 경망한 느낌을 주므로 조심도 요망된다.

2. 동기부여[2)]

사람들을 행동하게 하기 위한 가장 간단한 방법은 상사가 부하들을 들볶는 것이다. 이러한 부정적인 동기부여는 단지 움직임을 가져다 줄 뿐이다. 그러므로, 부정적인 방법보다 긍정적인 자극방법으로 동기부여를 해야 사람은 지속적인 마음에서 우러나오는 행동이 나오게 된다. 조직에서의 긍정적인 동기부여 방법으로는 다음과 같은 것이 있을 수 있다.

(1) 노동근무시간의 단축(예, 주5일제)

(2) 단계적인 임금상승

(3) 후생복리

2) 상게서, pp. 390-391.

(4) 작업환경

(5) 상하간의 커뮤니케이션

(6) 직무참여 정도

(7) 고용상담제도

(8) 사원들의 성취감, 책임감을 부여

그런데 사람은 누구나 관심의 정도가 다르므로 급여에 민감한 사람은 부가급부 또는 그에 따른 성과급에 대한 변화와 조정이 필요하고 성취감을 중요시하는 자에게는 책임감을 더욱 부여하는 그러한 직무를 줌으로써 각자의 관심사항에 대한 조정이 가능할 것이다.

이외에도 지속적인 새로운 동기부여 방법이 개발되어 새로운 요구에 부응되어 조직원들이 움직이고 다음에 조직이 움직이는 건강한 사회가 되도록 해야 하겠다.

제 4 절 인성과 인간관계

1. A형과 B형의 성격구분[3)]

심장전문의 프리드만(Friedman)과 로젠맨(Rosenman)은 심장마비의 원인은 단지 피우는 담배의 수, 콜레스테롤의 양, 또는 관상동맥의 혈압에 의해 결정되는 것이 아니라 그들의 태도와 기질, 곧 성격에 좌우된다는 것을 알아냈다.

---

3) 상게서, pp. 399-400.

사람의 성격은 크게 A형과 B형으로 나뉜다. A형의 성격은 경쟁적이고, 참을성이 없고, 야심이 있고, 시간을 아끼며 열심히 자기를 채찍질하는 완전주의자적인 경향이 있다. 이들은 한꺼번에 여러 가지 일을 동시에 하려 하고, 다른 사람의 얘기를 차분히 듣지 못하고 서두르며, 말도 빠르게 하고, 쉽게 화를 내거나 공격적인 경향이 있다. 반면에 B형의 사람은 비교적 여유가 있고 느긋하며, 참을성이 있고 낙천적인 성향으로 A형보다 덜 경쟁적이고 화도 잘 안내는 편이다. 이들에 따르면 A형 성격의 사람이 B형 성격의 사람보다 심장마비 위험도가 6배나 높다. A형의 사람이 스트레스를 많이 받는다.

A형의 사람은 다음과 같은 특성을 가지고 있다.

① 지나치게 계획을 세우는 경향이 있다.

하루의 계획을 지나치게 세우는 사람은 비상시기에 언제나 희생물이 된다. 그들이 세운 계획은 빈틈이 없기 때문에 조금만 차질이 생겨도 크게 어려움이 생긴 것으로 간주한다.

② 사고와 행동이 산만하다.

A형의 사람들은 같은 시간에 여러 가지 생각이나 행동에 열중하는 버릇이 있다. 그들은 식사를 하면서도 신문을 보거나 라디오를 듣고 대화를 한다. 말의 속도가 빠르고 다른 사람의 대화에 잘 끼어든다. 다른 사람과의 대화에서 언제나 혼자 떠들어댄다. 이들은 단지 몇 초간이라도 다른 사람의 말에 귀를 기울이지 않는다.

③ 이기려고만 한다.

A형의 사람들은 자신이 행복해지기 위해서는 무엇이든지 이겨야만 한다. 사소한 일이나 사회활동에서 남에게 뒤진다면 마음이 산란해지고 불행을 느낀다.

④ 인정받으려는 욕망이 강하다.

A형의 사람은 자기들이 하는 모든 일에 인정을 받아 명성을 높이고 싶은 욕망을 끊임없이 가지고 있다. 수입에 지나치게 관심을 가지고 자신의 성공을 나타내는 물건들을 수집한다.

⑤ 항상 죄의식에 사로잡혀 있다.

A형의 사람들은 죄의식을 갖지 않고서는 마음의 평안을 얻지 못해 지나치게 계획을 세우는 경향이 있다. 사회생활의 짐이 되는 곳에서도 요령있게 활동하고 휴식하도록 계획한다. 오락시간도 생산을 위해 계획한 것이 아니고 긴장을 줄이려는 목적을 가지고 있다.

⑥ 지연이나 방해에 대해 참지 못한다.

A형의 사람은 일을 천천히 한다고 생각되는 사람에 대해 참지 못한다. 그들은 작업을 게을리하는 사람을 감독할 책임이 있든 없든 빠른 방법을 가르쳐 주든가 성을 내며 그들을 참견하려 든다.

⑦ 자기 자신을 과대 평가한다.

여러 계획과 활동에 지나친 참여를 하게 만들므로 자신의 창조성과 판단을 위태롭게 만들기도 한다.

⑧ 위기의식을 가지고 있다.

⑨ 지나치게 경쟁적인 운전을 한다.

흔히 정상속도를 위반한다.

⑩ 일에 취해 있다.

제일 먼저 출근하고 밤늦게 까지 일하는 것을 자랑스럽게 여긴다. 일을 하고 성취하는 것은 좋은 점에서 A형은 높게 평가를 받으나 지나친 과욕으로 스스로 불행을 자초하게 된다. 실패하느니 차라리 죽는 것이 낫다는 형이므로, A형은 자신을 돌아보고 여유 있는 자세를 습득할 필요가 있다.

2. 마이어스-브릭스 인성모형(성격유형선호도검사) : MBTI-Myers Briggs Type Indicator[4)]

인성검사로 널리 쓰이는 MBTI는 선호경향을 나타내는 지표로 외향, 내향, 감각, 직관, 사고, 감정, 판단, 인식 등 8가지가 있으며 이 가운데 4가지를 택하게 되어 있다.

이 모형은 성격의 상이성에 대한 질서정연한 이유가 있다고 가정하고, 사람들이 개발할 여지가 다분한 탁월성은 선천적인 선호에 의해 결정된다고 본다.

[MBTI의 8가지 유형]

(1) (E : Extroversion Type) - 외향형
외적경험 선호, 행동으로 체험하고자 함.
(I : Introversion Type) - 내향형
생각을 선호, 행동 전 먼저 생각하고 이해하려 함.

(2) (S : Sensing Type) - 직접적인 감각형
자신의 눈과 귀 등 오관에 의존하여 판단하며 매우 현실

4) 상게서, pp. 401, 404.

적이고 실용적이다. 구체적인 것에는 능하지만 전체를 못 본다.

(N : iNtuition Type) - 간접적인 직관형

본질, 전체적인 관계파악을 선호, 상상력과 영감에 비중을 두고 새로운 일을 좋아하며, 현재보다 미래의 변화, 다양성을 즐긴다. 세밀한 사항을 간과하기 쉽다.

(3) (T : Thinking Type) - 사고형

논리적, 객관적, 일관성, 타당성, 합리성, 원리원칙 중시

(F : Feeling Type) - 감정형

동정심, 남을 인정하며, 재치, 보편적, 조화, 열정이 있다.

(4) (J : Judging Type) - 사고 및 감정에 따른 판단적 태도

구조화/조직화 선호, 계획에 따라 일을 추진하고, 미리 준비하고, 기간내에 끝낸다.

(P : Perceiving Type) - 감각과 직관에 따른 인식적 태도

상황에 따라 유연하게 적응하며 자율적이다. 다양한 기회를 좋아하고 경험에 개방적이고, 애매한 상황에 잘 적응해 나간다.

위의 8가지에 대한 선호성에 따라 모두 16개의 유형이 아래와 같이 제시될 수 있다.

(1), (2), (3), (4) 순서대로 각 부류의 두 가지 유형 중 하나를 선택하여 4가지 유형을 정하시오.

[MBTI의 16개 유형의 성격]

1. ISTJ : 신중, 조용, 집중력, 매사에 철저, 사리분별력이 뛰어남.
2. ISFJ : 차분, 친근, 책임감, 헌신적임.
3. ISTP : 과묵, 관찰, 민감, 도구를 다루는 능력이 뛰어남.
4. ISFP : 말없이 다정하고 온화, 친절, 겸손함. 연기에 소질이 있음.
5. ESTP : 현실적 문제해결에 능하고 적응력이 강하고 관용적임.
6. ESFP : 사교적, 활동적, 수용적, 낙천적임.
7. ESTJ : 구체적, 현실적, 사실적, 활동을 조직화하고 주도해 나가는 지도력.
8. ESFJ : 마음이 따뜻하고 이야기를 좋아하고 양심이 바르고 인화를 잘 이룸.
9. INFJ : 인내심, 통찰력, 직관력, 화합을 추구.
10. INTJ : 독창적, 창의력, 비판분석력, 내적 신념이 강함.
11. INFP : 정열적, 충실하고 목가적, 낭만적.
12. INTP : 논리와 분석력이 뛰어나고 과묵함.
13. ENFP : 정열적, 재능이 많고 상상력이 풍부함.
14. ENTP : 민첩하고 독창적, 안목이 넓고 다방면에 관심과 재능이 많음.
15. ENFJ : 적극적, 책임감, 사교성, 동정심이 많다.
16. ENTJ : 열성이 많고 솔직하고 단호하여 통솔력이 있다.

〈도움되는 사례 5장〉

(1) 여러 경우의 MBTI 활용

• 교육에서의 MBTI 활용(Education, Learning Styles and Cognitive Style)

MBTI는 교육장면에서 학생, 교사, 교육체계를 이해하는데 도움을 준다. 교육장면에서 유형의 분류는 교육성취의 세 가지 측면 즉, 적성(Aptitude), 적용(Application), 흥미(Interests)와 관계된다. 교육에서의 유형이론과 관련자료들은 학습의 낮은 성취도와 높은 성취도를 설명해 주는데 도움을 준다. 유형이론은 학생들이 공부하는데 발휘할 능력과 흥미에 대한 교육적인 추측을 가능하게 해주며, 적성검사의 결과들을 좀더 정확하게 해석하는데 도움을 줄 수 있다. 또한 학생들은 자신의 학습을 계획하고 선생님들은 자신들의 가르침을 좀더 효율적으로 운영할 수 있도록 설계하는데 도움을 줄 수 있다.

• 경력개발 및 진로상담에서의 MBTI 활용(Career Mnagement and Counseling)

MBTI는 사람들이 자신의 관심분야를 이해하고 살아가면서 어떤 일을 해야 좀더 자신의 능력을 잘 발휘하고 자신이 속한 조직이나 사회에 공헌할 수 있는지를 설계할 때 또는 학생들이 자신에게 맞는 직업을 선택하기 위하여 진로상담을 할 때 유용하게 활용할 수 있다. 진로상담에서 MBTI를 사용하게 될 때 직업선택의 가장 중요한 동기를 직업에 대한 흥미와 만족감으로 보며, 개인의 선호도와 직업의 성격이 얼마나 잘 조화를 이룰 수 있는가를 기본적으로 검토하게 된다. 이러한 고정을 통해 선호유형과 직업간의 부조화를 가능한 줄임으로써 만족스러운 직업선택 또는 경력개발이 되도록 도움을 주게 된다.

• 팀 빌딩에서의 MBTI 활용(Team Building)

조직은 부서단위의 업무구조에서 팀 단위의 업무구조로 빠른 속도로 변화되어 가고 있다. 팀 단위로 전환하는 가장 중요한 이유 중의 하나는 좀더 능률적인 업무처리를 위해서이다. 이러한 효율적인 팀이 구성되기 위하여는 우선 팀 구성원 각자의 여러 가지 능력을 고려하게 되겠지만 이러한 능력을 적절하게 발휘하기 위하여는 각자가 가지고 있는 특성을 팀원 각자가 이해하고 팀 리더의 특성 또한 적절히 고려함으로써 갖게 되는 강점과 약점을 인지할 때 팀으로서의 시너지효과를 발휘할 수 있게 된다. MBTI는 팀원 각자의 특성을 상호 이해함으로써 팀내의 문제해결이나 갈등관리 등에 다양하게 활용될 수 있다.

• 조직에서의 MBTI 활용(Management and Leadership)

조직은 2인 이상의 인간이 공동의 목표를 가지고 이를 달성하기 위하여 의도적으로 정립한 체계화된 구조에 따라 구성원들이 상호작용하며 수직적, 수평적 경계를 가지고 외부환경에 적응하는 인간의 사회집단이다. 이러한 조직이 원활히 유지, 발전되기 위하여 의사소통 및 리더십 요인은 조직의 골격 및 혈관을 형성한다. MBTI는 조직내의 원활한 의사소통체계 및 갈등관리, 그리고 관리자들의 리더십 개발 등에 효과적인 방법을 제시함으로써 조직개발에 도움을 줄 수 있다.

(2) 행정에서의 리더십

전쟁의 승패로부터 운동경기의 승패에 이르기까지 리더십의 중요성은 강조된다. 즉 승패의 결정요인이 리더십이라는 것이다. 논자의 입장과 관점에 따라 여러 가지 정의가 성립할 수 있으므로 개념 자체는 대단히 포괄적이고 모호하다. 즉, 리더십이란 용어는 그 사용하는 사람이 어떠한 환경아래서 활용하느냐에 따라 그 의미가 다르게 나타날 수 있다.

여러 다양한 견해 중에서도 공통적인 것은 "목표성취를 위한 힘의 동원능력"이라는 것이다. 여기서의 힘의 동원능력이란 강제성에 의한 것이 아니라 자발적인 것으로 유도된 것이다. 리더십의 핵심은 특정의 사람이 다른 사람들을 자기가 바라는 방향으로 유도하는 능력이라고 할 수 있다. 여기서 리더십은 끌려다니고 인도되는 것이 아니라 행동하게끔 유도하는 것이다. 리더십을 발휘한다는 것은 공동의 목표의식을 갖게 하여 이러한 목표를 성취하는데 집단성원이 자발적으로 노력하도록 유도하는 행위라고 할 수 있다.

행정에 있어서 리더십에 대한 정의는 조직의 목표를 바람직한 형태로 달성하기 위하여 조직내의 개인 및 집단의 의욕을 고취하고 능동적인 활동을 추진하며 조정하는 기술 및 영향력이라고 할 수 있으며, 구성원에 대한 소망스러운 장래를 활동시키는 과정이고 목표설정과 목표달성을 위하여 노력하고 조직적 집단활동에 영향을 미치는 행위라 할 수 있다.

(3) 리더십의 노하우 10가지

1. 리더십은 그 조직을 어디로 이끌어 갈 것인지를 조직원들에게 명확히 제시해 주는데서 시작된다. 그 목표는 조직원들의 합의 과정을 거쳐서 결정되는 것이 효과적이다. 리더는 목표를 향해 구성원들의 다양한 역량을 효과적으로 결집하고 전

략화하는 기술을 갖고 있어야 한다. 그러한 과정이 바로 리더십이다.

2. 리더십이 미래의 비전을 제시하고 방향을 설정하는 일이라면 경영관리는 리더가 제시한 비전과 방향에 따라 계획하고 실행하는 일이다. 리더십은 리더의 비전을 구성원들에게 이해시키고 비전과 목표에 헌신하게끔 솔선하는 것이며, 경영관리는 계획을 달성하기 위해서 필요한 사람들을 조직화하고 충원하는 것이다.
3. 경영이란 수 없는 타인의 능력을 이용하여 일을 성취시키는 능력이다. 경영자는 부하들이 달성해야 할 목표를 정하고, 부하들이 그 목표를 스스로 달성하고 싶어 하도록 동기를 유발시켜야 한다. 리더는 부하들의 노력이 중간에서 유실되지 않고 부하들의 힘을 합한 만큼의 힘이 아니라 곱한 만큼의 힘을 낼 수 있도록 시스템을 구축해야 한다. 시스템이 훌륭해야 시너지 효과를 크게 낼 수 있다.
4. 피터 드리커는 능률이란 업무를 제대로 하고 있는 것을 말하지만, 효과란 제대로 된 업무를 하는 것이라고 했다. 능률의 권한은 다른 사람에게 위임할 수 있지만, 효과의 문제라면 지도자가 직접 맡아야만 한다.
5. 부하가 스스로 하게 하는 것이 리더십이다. 변화가 자신에게 해가 되지 않고 오히려 득이 된다는 것을 깨닫게 되면 구성원은 스스로 변화를 주도하게 된다.

아이가 청소를 하려고 빗자루를 든 순간 "야! 너 방 안 치울래?"라고 하면 아이는 빗자루를 집어 던지고 청소를 하지 않는다.

스스로 하게 하는 것이 리더십이다.

6. 리더는 고기를 잡아주어 하루 동안 먹고 살도록 하는 것이 아니다. 고기 잡는 방법을 가르쳐 주어 평생 동안 먹고 살 수 있도록 해야 한다.
7. 성공하는 사람은 성공하지 못하는 사람들이 하지 않는 것을 자원해서 한다. 관찰을 통해 발견한 차이점이 있다. 성공적인 사람은 인격을 따라 일하고, 감정을 따라 일하지 않는다는 것이다.
   - 인격형은 일을 제대로 해서 기분이 좋지만, 감정형은 기분이 좋아야 일을 옳게 한다.
   - 인격형은 책임을 토대로 일하지만, 감정형은 이해를 토대로 일한다.
   - 인격형은 행동이 감정을 조절하지만, 감정형은 태도가 행동을 조절한다.
   - 인격형은 추진력을 창출하지만, 감정형은 추진력을 기다린다.
   - 인격형은 문제가 발생해도 계속하지만, 감정형은 문제가 발생하면 그만둔다.
   - 인격형은 견고하지만, 감정형은 기분에 따라 변덕스럽다.
   - 인격형은 믿어보게 되지만, 감정형은 눈으로 봐야 믿는다.
   - 인격형은 원리에 입각하여 결단을 내리지만, 감정형은 문제가 발생하면 그만둔다.
   - 인격형은 지도자가 되지만, 감정형은 피지도자가 된다.
8. 리더십은 점검되어야 한다. 리더십이 잘못 발휘될 경우 역기능을 초래할 수 있기 때문이다. 리더 한 사람보다 조직이 중

요함을 잊어서는 안 된다. 리더십도 시대와 환경에 맞게 끊임없이 점검되고 개선되어야 한다.

9. 사원들이 사무실에서는 쥐 죽은 듯이 입을 다물고 일하다가, 밖에 나가서는 물고기가 물이라도 만난 듯 떠들어대는 회사는 뭔가 잘못되어 가고 있는 회사다. 사원들이 뭔가를 이야기하는 회사, 그런 회사가 잘 되어가고 있는 회사다.

진정한 지도력이란, 침묵하는 다수의 입을 열게 하여 조직활동에 적극 참여하도록 하는 기술이라 하겠다. 침묵하는 다수란 참여의욕의 부진, 무관심, 냉소주의 등의 특성을 지닌 사람들이다. 침묵하는 다수가 생겨나는 것은, 지도력의 부재에서 오는 것이다.

10. 가장 인기 없는 상사는 부하의 공을 가로채는 사람이다. 가장 인기 있는 상사는 부하가 성장하도록 동기를 부여해 주고 능력을 계발해 주는 사람이다. 혼자 앞장서서 조직을 이끌어 가는 솔선수범형 리더의 시대는 갔다. 조직원 스스로가 신바람이 나서 일하게 동기를 부여해 주는 리더가 각광받는 시대다.

제 6 장

직장부적응

제 1 절 직장환경의 적응과 인간행동

직장환경에 적응(adjustment)한다는 말은 ① 인간의 생리적·심리적 욕구충족을 위해서 여러 가지 장애요인을 극복해 나가는 과정 ② 개인과 직장 사이의 균형있는 조화로운 관계를 유지하려는 인간의 행동과정 ③ 직장에서 발생하는 인간적·직무적·상황적 저해요인이나 갈등을 합리적 목표지향적으로 해결해 나가는 행동과정이라고 말할 수 있다.

개인이 타인과 직장의 목표를 원만히 달성하기 위해 소속해 있는 환경에서 자신의 능력이나 욕구를 현실적으로 융통성있게 처리해 나가는 사람을 직장환경에 적응된 사람(adjusted person)이라 하고 그렇지 못한 사람을 적응하지 못한 사람(maladjusted person)이라고 말한다.

개인이 직장이라는 공동사회에서 원만하게 적응해 나갈 수 있을 때 그 개인과 직장이라는 조직과의 균형있는 조화와 성과를 유지·향상시키면서 목표지향적 삶을 산다고 볼 수 있는 것이다.

직장은 제 2 의 가정이라고 말할 수 있을 만큼 인간생활의 중요 부분을 차지하고 있다. 우리는 하루의 일과 중 중요한 대부분의 시간을 직장에서 보내기 때문에 직장생활에 적응하지 못하는 사람은 개인적으로 불행한 운명을 살고 있는 것이다.

그러나 이러한 직장생활에의 적응행동은 인간의 평균화 현상 또는 항상성(homeostasis)에 의하여 어려운 상태를 정상화시키려는 자연치유와 같은 잠재능력이 누구에게나 있기 때문에 인간은 조직의 작업환경과 사회적 환경이 목표지향적인 인간의 심리적 욕구와 균형을 상실했을 때에도 자연히 다시 평형을 유지하려는 경향을 나타내므로, 인간은 자조적으로 적응행동을 하는 심리적 특징을 가지고 있으며 누구나 목표를 설정하고 목표지향적인 행동을 하게 되는 것이다. 이 때 불만·좌절이 발생하여도 개인차가 있지만 건강한 사람에게는 이러한 항상성의 작동으로 자연조절이 되는 것이므로 직장환경과 개인이 균형을 유지하려고 노력을 하게 된다.

제 2 절 직장생활의 적응조건

1. 직장적응과 직무만족

개인의 직장적응과 직무만족을 실현하기 위해서는 어떤 요인을 중요시해야 하는가? 개인의 퍼스낼리티(personality)·연령·교육수준·직종 등에 따라 다르기 때문에 모티베이션(motivation) 과정을 복잡하게 한다.

오늘날 직장인의 태도(attitude) 연구를 위한 사기조사(morale survey)와 직무만족(job satisfaction) 조사가 빈번하고 이루어지는 것은 생산성과 직접적인 관계가 있기 때문이다.

그러나 직무만족과 생산성과의 관계에 대하여 반대되는 의견을 제시하는 사람도 있다. 사이몬(M. Simon)은 종래의 정설을 깨고 불만족-생산성의 새로운 가설을 제기하고 "쥐들은 배가 부르면 행동하지 않는다."라는 심리적 원리에 입각하여 인간의 현실적 불만이 혁신을 일으키는 동인이라고 보고 있다. 리커트(Likert)도 직장인의 높은 사기가 반드시 높은 생산성을 실현하는 것은 아니고 오히려 낮은 사기하에서도 높은 생산성을 기대할 수 있다고 설명하고 있다.

그러나 근본적으로는 직무만족이 높은 생산성을 실현할 수 있다는 데에 보다 일반화된 견해를 보이고 있기 때문에 직장인이 직무만족을 실현할 수 있는 방안을 경영상 다각적인 측면에서 추구하여야 할 것이다.

2. 직장적응의 외적조건과 직무만족

직장적응의 외적 조건으로서 헤릭(N. Herrick)과 매코비(N. Maccoby)의 4대 조건, 월톤(R. E. Walton)의 7대 조건, 데이비스(L. E. Davis)와 테일러(J. Tayior)의 8대 조건을 통합, 요약하면,

① 상사의 리더십 스타일(leadership style)과 관리패턴
② 직무의 특성(job characteristic)과 장래성 있는 직무에의 욕구
③ 물적 작업환경의 정비와 안전보장, 작업장의 민주주의 참가
④ 소외, 건강과 안전, 공평의 원칙
⑤ 능력의 활용과 육성을 꾀하기 위한 기회의 제공
⑥ 생활수준의 확보를 위한 노동과 보수
⑦ 노동의 의미, 노동의 만족 및 자아의 욕구충족 등이다.

제 3 절 직장부적응의 요인들

1. 부과된 직무자체의 요인

자신에게 부여된 일(직무) 자체가 적성에 맞지 않거나 본인의 경험이나 습득된 기술이나 능력에 부합되지 않아 실패를 야기함으로써 근무의욕이 저하되고 그 일을 할당한 상사에 대하여 불만을 갖게 되는 경우, 또는 직무의 성질, 작업의 질, 보수 등이 동열에 있는 다른 직원들과의 상대적 비교평가에서 자신이 열세하

다고 판단되는 경우 불만을 갖게 되고 행동은 현실적으로 목표지향적이지만 성취감이나 달성감을 전혀 느끼지 못하게 되는 상황을 말한다. 특히 보수에 있어서 가장 예민한 관심을 기울이며 입사 연월일 등 조건이 동일함에도 불구하고 약간의 차이라도 있을 경우 상사나 동료에 대한 강한 반감을 갖게 된다.

2. 상하 · 동료 · 하부간의 요인

직장부적응에 의한 불만요인 중 가장 문제가 되는 것이 주위의 인간에 대한 조화를 이루지 못하는 데에서 오는 경우이다. 주위의 사람이란 자기의 상사와 동료 · 부하를 말한다.

근무실적과 직장 사기가 낮은 집단에서는 많은 불만 중에서 상사에 대한 불만이 가장 많다.

부하직원에 대한 상사의 존재는 커다란 압력의 원천으로 생각되는 것이다. 다른 한편 상사는 부하에게 동기를 부여하기도 하고 상담의 대상이 되기도 하며 자기들의 권리를 대변해 주는 일종의 보호자로 의식되기도 한다. 따라서 상사가 보는 부하와 부하가 보는 상사간의 역할과 기대 사이의 차이(gap)가 클수록 상호불만은 커진다.

상사 즉, 리더(leader)와 부하와의 관계는 상호간의 직접적인 관계 뿐만 아니라 리더가 동료리더들 그리고 상위계층과 얼마나 좋은 관계를 맺고 있느냐에 따라서 많은 영향을 받는다. 즉, 리더가 같은 수준의 동료리더들에게 큰 영향력을 발휘할 수 있고, 상위계층으로부터도 신임을 받아서 그들로부터 많은 재원을 받을 수 있다면 리더와 부하간의 관계는 양호할 것이며 따라서 리더의 효과는 물론 집단의 성과도 높아질 것이다.

이와 같이 리더의 수평적, 수직적, 대각선적인 연결관계를 연결핀(linking pin)관계라고 부르며, 리더가 이 연결된 역할을 얼마나 잘 수행하느냐에 따라서 부하와의 관계는 물론 리더의 전반적인 성과가 많은 영향을 받게 된다.[1] 따라서 부하중심적 리더스타일에 있어서 연결핀 역할은, 효과적인 리더가 되려면 효과적인 부하가 되어야 하고 동시에 효과적인 동료가 되어야 한다는 개념[2]하에서 그 중요성을 강조하고 있다.

많은 직무가 협동성과 사회성의 연쇄 속에서 수행되기 때문에 상하·동료들 사이에서 각자의 역할과 상호편익성에 관한 인지를 조정하면서 부적응과 그에 따른 불평·불만을 최소한으로 줄여나가는 일이 매우 중요하다. 리더는 부하에게 적성에 알맞은 역할을 배분하고 부단히 동기부여를 통해 직장 사기와 생산성 향상에 노력해야 한다.

동료 상호간에 있어서는 동료의 존재는 대단히 큰 의미를 갖고 있기 때문에 그들을 통해 자기의 주장을 관철시키거나 문제해결을 위한 상담자가 되거나 업무에 대한 조력자가 될 수 있다.

인간이 직장생활에서 상사와 동료 사이에서 겪게 되는 내면적 갈등현상을 설명하기 위하여 인지부조화(cognitive dissonance)의 개념이 널리 사용되고 있다.

개인의 가치관·주의주장·신념·의견과 실제의 개인의 행동 사이에 일관성이 없으면 인지에 불협화가 생겨 불안정성과 심리적 갈등을 느끼며 개인이 선택하기 힘든 양자택일의 기로에 서게

1) Likert, *The New Patterns of Management*, pp. 106-108.
2) Donald C. Pelz, Leadership Within a Hierarchical Organization, *Journal of Social Issues*, Vol. 7(1951), pp. 47-63.

된다.

민주주의 정신에 투철하고 독립성이 강한 개인에게 일방적이고 명령 일변도의 상사의 지시를 받게 될 때 개인의 신념과 외부의 강요된 힘에 의해 마지못해 하는 행위간에 괴리가 일어날 때 부조화는 불가피하게 된다.

우리 인간은 이 경우 부조화를 최소화하기 위하여 인지수정을 가하게 된다. 선택한 행동이 최상의 것이었다고 생각함으로써 그 밖의 행동방안은 고려하지 않는다든가 그 문제에 관해서 재론하지 않고 무관심(apathy)해지려는 것이다.

그러나 여러 가지 노력에도 불구하고 인지부조화가 개인의 심리상태를 지배하게 될 때에는, 적응상실을 초래하게 되어 조직에 불리한 행동을 유발할 가능성이 커진다.

3. 사생활의 요인

가화만사성이라 하여 가정생활이 원만하지 못하면 직장생활에도 지장을 초래할 수 있다.

부부싸움이 잦은 사람이 직장에 와서 부하를 괴롭히는 일이 있기 때문이다. 이러한 견지에서 직장내의 인간환경을 적절히 유지하기 위하여 개개인의 사생활에 대하여도 관심을 가질 필요가 있다.

4. 욕구좌절(needs frustration)의 요인

대부분의 경우에 인간이 자신의 목표달성을 차단하는 장애요인이 나타나 인간의 욕구 내지 동기가 저지되고 목표지향적인 행동이 저지된 상태를 욕구좌절(needs frustration)이라고 한다. 하등동물은 생리적인 동기에 주로 영향을 받지만 개인의 생리적·사회적 동기에 의해 행동하기 때문에 인간은 누구나 욕구좌절의 잠재가능성이 있다. 이는 인간의 행동의 원동력을 이루고 있는 동기상태가 복잡·다양하기 때문에 인간욕구의 좌절상태의 가능성이 크므로 이의 영향을 받은 인간의 행동양상은 다양하게 나타난다. 개인적인 특성으로서 기능과 능력부족에서 오는 것이 가장 심각하게 받아들여지며 두 번째로 통제하기 어려운 것은 외적인 힘에 의해 야기되는 상황이다. 시급한 경우 교통체증에 의해 발을 동동 굴러야 하는 상황 따위를 말한다. 세 번째로 우리 주변의 사회적 구조 또한 욕구좌절의 또 다른 원천이 될 수도 있을 것이다. 상사의 지나친 재촉, 서두름, 타이트(tight)한 시간계획, 실적에 대한 정당한 피드백(feed back)이 없는 경우 등을 말한다. 네 번째 사생활과 관련하여 자기 동료와 비교하여 우리의 일상생활에 있어서 아주 현실적인 부분을 차지하는 사치품이 필수품으로 인식되면서 자가용, 최신의 각종 가전제품 등이 없다고 하는 경우에 해당된다.

5. 갈등(conflict) 요인

갈등은 욕구좌절과 밀접하게 관련되어 있어 서로 영향을 주고받는다. 갈등은 여러 대안 중에서 어떤 선택을 해야 하는 경우에 발생한다. 첫째 모든 대안이 모두 바람직한 경우이다. 두 종류의 아주 좋은 부서로 전근할 것을 권유받았을 경우 각각의 자리가 갖고 있는 장점을 생각해 보고 나서 가장 바람직한 자리를 선택하게 되는 경우이다. 또 다른 형태의 갈등은 어떤 한 가지 대안이 바람직한 측면과 바람직하지 않은 측면을 동시에 갖고 있는 경우이다.

저임금의 원인이 대학을 못나온 데 있다고 판단하여 직장생활을 하면서 야간대학을 다니려고 결심했을 때 학교공부에 전념하면 직장을 포기해야 하는 경우이다. 끝으로 두 가지 대안이 모두 바람직하지 못한 경우이다.

경제생활이 어려워 남보다 일은 더 많이 하여 실적을 올리고 초과수당을 받고자 했다. 그런데 평소부터 건강이 좋지 않은 데다가 다른 동료보다 유난히 일을 많이, 그리고 잘하면 그 직장의 보이지 않는 불문율로 되어 있는 집단규범(group norm)에 의해 질투와 미움을 받게 되는 경우이다.

제 4 절 욕구불만에 대한 적응방법 : 13개의 방어기제

1. 대처기술(coping skills)

직장생활을 영위하면서 많은 사원들이 여러 가지 상황과 주어진 여건하에서 욕구좌절, 갈등, 압력, 긴장상태를 경험하게 되면서 지금까지 자신이 대처해 온 방식들에 대하여 되돌아보고 곰곰이 생각해 보는 것은 자신의 심신의 건강을 위하여 직장생활을 안녕을 위하여 필수적이다.

자신에게 직면한 문제가 노력에 비하여 별로 성과가 없다는 결정을 내리게 되면 그냥 지나쳐 버림으로써 문제를 회피하거나 기피하려는 경우도 있을 것이다. 그러나 이러한 경우에 문제는 그대로 남아 있어 다른 일을 하는 데에 큰 장애물로 남아 있게 되므로 긴장은 증대되며 문제상황을 부인하는 결과가 되어 자신의 행동을 정당화하는 데 소모하게 된다. 가장 최선의 방법은 문제상황에 과감히 돌진하여 해결책을 강구하고 자신의 주변에서 장애요소를 제거하는 대처기술(coping skills)을 개발해야 하는 것이다. 그러나 문제상황에서 손을 떼거나, 보아 넘기거나, 우회적인 방법에 의존한다는 것은 '방어기제'를 사용하겠다는 말이 된다.

대처라 함은 자신이 직면한 문제를 해결하기 위해 의식적으로 생각하고 어떤 결정을 한다는 뜻으로 대처기술은 긴장이나 공포, 욕구좌절을 해결하려는 의식적인 사고와 행동으로서 새로운 정보의 입수, 창조적인 문제해결 노력, 타인과의 상호작용, 선배 또는 동료에의 자문에 토대를 두는 반면에, 방어기제는 자존심과 자아개념의 보호를 목적으로 하는 무의식적이고 기계적인 반응으로서 자신의 감정을 숨기거나 위장해서 일시적으로 불안과 긴장을 해소하려는 자기기만이 될 수 있다.

2. 13개의 방어기제(defense mechanism)

(1) 합리화 행동(rationalization)

욕구불만으로 인한 심리적 불균형을 해소하기 위하여 목표미달의 원인을 외부요소에 귀착시키고 자신의 자아개념을 보호하려는 행동을 말한다.

시험성적이 나쁜 학생이 건강상의 이유로 변명하거나 승진에서 누락된 사원이 자신의 좋지 않은 학벌을 드는 경우처럼 사람들은 자기의 행동이나 신념을 정당화하는 근거를 찾으려 할 경우 또는 자기자신이 미처 알지 못하고 있는 자신의 모순을 타인이 지적할 경우 합리화의 방어기제를 사용하는 수가 있다.

여우가 포도나무에 달려 있는 포도송이를 따서 먹으려 했으나 너무 높이 매달려 있어 포도 따먹기를 포기하고서 "저 포도는 틀림없이 덜 익어 시어터진 것임에 틀림없을 텐데"라고 중얼거린 이솝(Aesop)의 우화처럼 자신이 진정으로 바란 일이나 자신의 뜻대로 어떤 일을 해결하지 못한 것을 알게 되면, 처음부터 그렇게 되기를 원하지 않았던 것처럼 생각하고 지나쳐 버리고 실상을 알지 못한 채 자기 방식대로 합리화해 버리는 수가 많다.

(2) 목적의 적응(coping behavior)

추구하는 욕구가 충족되지 않는 경우, 다른 욕구를 추구함으로써 자신의 목표를 조정하는 행동경향을 보인다.

이러한 욕구대체를 통하여 개인의 에너지가 자신의 발전과 직장의 목표에 건설적으로 기여할 수 있으나 바람직하지 않은 방향으로 조정되는 경우에는 개인과 직장에 불건전한 결과를 초래하게 된다. 승진이 되지 않은 욕구불만으로 자기의 에너지를 노조활동에 투입시켜 경영층에 대한 반항적 행동에서 새로운 만족을 찾게 되는 경우이다.

(3) 퇴행(regression)

가족들로부터 사랑과 관심을 독차지했던 어린아이가 동생이 태어나자 가족의 관심이 동생으로 옮겨지는 것을 보고 소변과 대변을 가리지 않고 보는 등 말썽을 부려 관심을 유도해 내는 것처럼 당면 문제를 진지한 태도로 해결할 생각은 안 하고 과거의 어렸을 때의 정신상태로 되돌아가려는 사례로서 성숙한 부인이 어린아이들처럼 운다든가 타인에게 매달려 전적으로 의지한다든가 손쉽게 유인을 당한다든가 하는 경우이다.

이와 같이 좌절된 상태에서 만족(frustrated satisfaction)을 찾는 행동으로, 건설적인 행동을 포기하고 미성숙한 행동으로 전환하여 어린아이와 같은 행동을 취함으로써 정신적인 성장을 방해하며, 문제해결의 노력을 감퇴시키게 된다.

(4) 과장(exaggeration)

자신이 하고 있는 일의 곤란한 정도를 과장해서 말하는 경우로서 직무의 곤란성을 과장해 놓고 직무수행을 위한 노력을 하지 않는 경우에 구실을 잘 꾸며대는 사람은 종종 자기자신이 구실을 만들고 있다는 사실마저 인식하지 못할 때가 많다. 과장하는 버릇이 습관화되면 실패를 은폐하기 위하여 사전 변명을 하는 악습관에 빠져서 뜻대로 되지 않는 문제에 대하여는 애당초 예방선을 쳐놓고 처음부터 성실한 태도를 취하지 않는다.

(5) 공격(aggression)

욕구불만에 대한 반응으로 나타나는 행동형태 중에서 언어수단에 의한 표현방법으로 욕설, 비난, 야유 등 직접 표면에 나타내는 사례와 배후에서 상대를 중상·모략한다든지 풍문을 유포시키거나 비협조적 행동으로서 직책에 태만하고 우울하고 흥분된 인상과 불평, 무관심의 태도를 견지하는 것이다. 불만을 야기시킨 사람이나 상황에 대하여 공격목표를 들지만 때로는 자기자신을 공격대상으로 하여 자학하고 자죄하며 나는 못난 사람이라고 스스로 탄식함으로써 불만을 자기정화로 처리하는 사례도 있으나 다분히 변태적이다. 직장에는 가끔 자아의식이 과잉인 상태에 있는 사람도 없지 않다. 어떤 특정한 때(명절 등) 사람들이 경영자의 집에 인사차 드나드는 것을 아부행위로 매도하고 자신은 아무도 알지 못하고 직무에만 관심이 있는 것처럼 경직된 태도를 취하거나 상사가 특정한 보직을 주려고 했으나 한 마디로 거부했다는 식의 기이한 결벽증 환자도 있다.

사물을 냉혹한 이성적인 판단으로만 일관하는 이성 비대증환자가 있는가 하면 쉽게 격분하고 감정을 통제할 줄 모르는 감정 비대증환자도 있고 사물에 대하여 직선적이고 우직하게 융통성없이 생각하고 행동함으로써 오히려 그것이 정도가 아니면서도 양심의 명령에 따라 처리한다는 식의 양심 비대증환자도 조직내에 존재하고 있다. 어떤 사람은 기질적으로 공격목표도 불확실한 상태하에서 상습적으로 좌충우돌하는 반골이 있어서 어느 곳에 가든지 야당적 존재임을 과시하고 자기만족을 구하는 사람도 없지 않다. 불평 불만이 극한상황에 이르렀을 때는 욕설과 폭력으로까지 발전하는 사례도 있다.

(6) 감정전이(displacement)

자기자신이 분노하게 된 원인과는 전혀 무관한 주변 사람들에게 화를 내는 경우이다. 상사에게 심한 꾸중을 받고 불쾌한 감정으로 귀가하여 자신의 배우자, 부모, 형제, 자식에게 그대로 발산하거나 반대로 자기의 배우자와 심한 말다툼을 하고 불쾌한 감정으로 출근하여 부하가 약간의 실수만 해도 노발대발하여 화를 내거나 침통한 표정을 짓고 있으므로 해서 부하들을 안절부절하게 하는 경우이다. 이런 식으로 자신의 감정을 발산하는 경우에는 자기의 아랫사람이거나 관대하게 수용할 수 있는 사람을 선택하여 자신의 감정을 토로한다. 내심으로 은근히 타인들이 자신을 이해하여 주고 자신의 울분을 위로해 주기를 바란다.

이런 사람은 자신이 갖고 있는 정서적인 문제점을 알려고 하기보다는 이러한 정서가 자신에게 미치는 효과만을 문제삼기 때문에 자신이 갖고 있는 감정문제는 근본적으로 해결되지 않으며 결과적으로 그들과의 대인관계만 손상될 뿐이다.

(7) 고립(isolation)

사람이 어떤 일에 관련되는 것을 거절함으로써 정서적으로 긴장과 갈등의 상황을 벗어나려는 행동양식으로 그 일로 인해서 손상을 보지 않으려는 발뺌(evasion)의 성격을 가진다.

소심하고 말주변이 없는 남학생이 여학생에게 데이트 신청을 하고 싶으나 미리 거절당할 것으로 생각하고 자기는 학업 중에는 이성교제에 관심이 없는 것처럼 말하는 경우 고립을 통해서 자신을 방어하고자 하는 경우이다. 불필요한 실망이나 마음의 상처를 입는 모험을 겪고 싶지 않다는 생각 때문일 것이다.

맥클리랜드(McClelland)는 '성취욕구'라는 단일욕구 구조로서 경제발전에 있어서 욕구구조를 가름하였다. 성취욕구가 강한 성격의 소유자(high achiever)들이 갖는 특성으로서 문제해결에 관련하여 개인적으로 책임을 지는 상황을 좋아하며 적당한 성취목표를 설정하고 계산된 모험을 하는 경향이 있으며 자기가 얼마나 일을 잘하고 있는가에 관하여 명백한 배경(feed back)이 있기를 바란다.

사업을 성공적으로 이끄는 성취욕구를 지닌 기업가의 특징은 위험부담을 안고 창조적, 혁신적 활동과 강한 책임감 그리고 운영결과에 대한 판단지식을 가지고 있으며 장기계획 및 조직능력을 가진다[3]고 되어 있다.

이와 같이 자신이 원하는 바를 성공적으로 얻고 성취하려 한다면 때에 따라서는 실패와 실망의 모험을 감수해야만 한다.

(8) 도피(evasion)

욕구불만으로 당면한 사태로부터 일단 도피하고자 하는 경향으로서 직업병에 의한 신경성의 두통 등의 질병을 호소하면서 직장을 이탈하거나 잦은 결근이나 전직으로 직장을 이탈하는 경우이다. 드문 경우이지만 심리적 긴장을 해소하기 위하여 공상(白日夢 ; daydream)에 빠지는 경우, 보다 유쾌한 일을 마음 속으로 상상함으로써 불유쾌한 문제나 현실을 배제시키려 하는 시도를 하기도 하나 실현될 수 없는 망상으로 그치는 경우가 많은 것이다.

(9) 책임전가(scapegoating)

책임전가는 자신의 실수나 잘못을 다른 사람이나 집단 또는 다른 원인에 책임을 뒤집어씌우는 과정이다. 열등감을 감추기 위해 허세를 부리는 것도 유사한 심리작용이다.

취직시험에 낙방한 사람이 취직시험에 합격한 타인을 지칭하여 개인적 배경 때문에 또는 특정지역 사람이기 때문에, 특정대학을 나왔기 때문에 취직되었다고 말한다면 이는 책임전가의 대표적인 예가 된다.

---

3) R. E. Tannehill, *Motivation ald Management Development* (London, 1970), p. 46.

(10) 부정(denial)

사람들은 그럴 만한 근거가 있는데도 불쾌하거나 괴롭다고 하여 있는 현실을 부정하려 든다면 당분간은 편할지 모르지만 사태는 더욱 악화될 것이다. 문제를 고의로 망각하고 아무런 탈 없이 일시적으로 즐거운 생활을 할 수 있을지도 모른다. 해야 할 일을 미루고, 꾸물거리거나 다른 어떤 일로 바빠서 정말 해야 할 일을 못했다고 하는 것은 변명에 해당된다. 때로는 현실적인 당면문제와 동떨어져 지내기 위해 사회활동에 몰입하거나 고립을 자초하는 사람도 있다.

(11) 투사(projection)

투사는 자신의 단점을 타인이 소유하고 있음을 발견하고 다른 어떤 제 3 자에게 비방하는 말을 하는 경우이다.

투사는 자기 자신에게 있을 수 있는 속성이나 특성을 타인에게 사용하게 되는 방어기제이다. 어떤 사람이 실제로는 자기가 다변이고 이기적으로 행동하면서도, 그 사람이 오히려 다른 어떤 사람에게 수다스럽고 이기적으로 행동한다고 비방함으로써 사람들은 자신에게서 못마땅하다고 생각하는 특성을 타인의 행동에서 쉽게 발견한다.

투사는 열등감을 은폐하려는 행동을 중심으로 전개되며 완고한 심성을 지닌 사람이나 나름대로의 비현실적인 기준을 갖는 사람들에게서 이러한 투사의 방어기제는 가장 많이 발견된다.

(12) 체념(resignation)

체념은 특히 여러 차례에 걸쳐서 욕구만족을 추구한 끝에 이것이 실현되지 않은 경우, 자기의 목적을 포기하고 단념해 버림으로써 동기의 자극을 상실한 도피상태를 말한다. 욕구불만이 빈번하게 야기되어 공격적인 수단마저 강구해 보았지만 하등의 만족스러운 효과를 기하지 못할 경우에는 체념적인 태도를 취하게 될 수 있으며 칭찬을 받거나 비난을 받거나 담담하고 무반응하고 남의 말을 신용하려 하지 않으며 목표관념을 상실한 상태에 놓이게 된다. 그는 생활인이라기보다는 생존인이 되어 가고 있는 것이다.

(13) 고착(fixation)

고착은 자기 자신의 역량으로서는 능력부족이라는 것을 자인(自認)하면서도 동일한 과오를 반복하는 것이다. 욕구불만에서 오는 좌절감은 에너지의 작동을 다른 욕구나 자아보호적 행동으로 전환시키는 것이 바람직하다. 그러나 충족되지 않은 똑같은 욕구와 목적을 계속 추구하여 습관으로 굳어질 경우에 신축적이고 적응적 행동 그리고 직장의 성과지향적 관점에서는 건전하지 못하다고 할 수 있다.

이상으로 욕구불만을 해소하기 위하여 개인이 취하는 행동형태 즉, 방어기제(defence mechanism)들을 살펴보았지만 불만에 대한 반응은 여러 가지 형태가 혼합되어 발생되는 경우가 많다. 욕구불만에 대한 반응은 개인에 따라 또는 상황에 따라 그리고 상황을 해석하는 방법에 따라 각기 다를 것이다. 이러한 다종다양의 반응형태는 그 개인의 심리적·성격적 특성으로부터 유래하는 경우가 많으며 과거의 사회경험이나 경력도 큰 영향을 미치게 할 것이다.

경영 관리자는 자신의 생계와 자아실현과 행동의 장으로 삼고 이는 직장조직에서 생활하고 있는 구성원들에 대하여 인간의 욕구체계와 욕구불만의 형태를 예비지식으로 인식하고 그들의 근무의욕과 사기를 향상시키기 위하여 노력해야 할 것이며 한편 지성을 갖춘 현대적 사원이라면 상황과 자기자신을 객관화하여 파악할 수 있는 지혜도 필요하다.

제 5 절 직장부적응의 대책

직장이라는 '공식조직의 속성'과 '개인의 욕구'라는 양자의 모순·대립은 사원의 욕구가 클수록, 공식조직 기구의 합리주의가 강화될수록 명령계통이 부하에 내려갈수록 업무가 기계화되고 부문과 계층으로 분화될수록 성인이 원하는 성숙된 상황이 저해되어 소외현상을 일으키고 공식조직의 원리에 따른 수동적·복종적, 상사에 의존적·종속적 상태하에서 자아실현이 억제되어 첫째는 자아방어반응(self-defence reaction)-불안·욕구불만·갈등·심리적 좌절 등 이미 설명한 현상들을 목격하게 되고 단기적인 예측·전문적·기술적 기술에만 집착하거나 조직을 이탈하려고 한다.

둘째로는 이러한 상황 아래서 개인은 자생적이고 인포멀(informal)한 조직내부의 집단행동양식에 의하여 자아의 욕구를 내면화하게 된다. 서로 동정을 주고받는 사사로운 조직이 발호하고 조직이 경색되며 여러 가지 병폐가 확산되기도 한다. 양자의 불일치현상을 감소시키기 위해 조직구조와 명령적 리더십 몇 경영관리의 본질을 전환할 것이 요구된다.

1. 무의미감과 소외감의 극복과 적응대책

① 정확성, 지속성을 위해 기계화·자동화하되 그것이 인간을 지배하는 형태가 아니라 인간이 인간다운 일을 하는 것을 원칙으로 해야 한다.

② 제안이나 아이디어(idea)를 살리도록 자가신고제를 활용하고 그룹(group) 단위로 일의 결정에 제도적인 참여의 기회를 주어야 한다.

③ 직무상의 권한이나 자유재량의 범위를 확대하여 자주 자립감을 증대시킨다.

④ 소집단으로 작업집단을 나누고 팀워크(team work)에 의하여 자아몰입하도록 한다.

2. 고립성, 자기 소외 극복을 위한 대책

① 소집단화한 작업집단 내에서 대면적 접촉을 통해서 친근감과 협력관계를 유지함으로써 직장집단과의 일심동체시할 수 있게 한다.

② 개인의 적성과 직무와의 관련성 및 상호 호감을 가진 자들과의 관련성 등 여러 가지 관련되고 있는 직무에 종사하고 있는 인간의 밸런스(balance)와 조화, 각 직장단위의 상호선의의 대칭적인 직장, 사회적 결성, 즉 우호적 행동이 생기도록 하여야 한다.

③ 직장동료간의 결속을 위한 원활한 의사소통과 상호이해를

깊게 한다.

④ 개인의 능력보다 약간 높은 과제를 설정하여 도전적 노력을 유도한다.

조직내 개인은 직무와 사회생활을 통해 자기 성장, 성숙, 잠재능력의 개발을 통하여 조직에 공헌하게 될 것이다. 사원들은 생활의 대부분을 직장활동에서 보내고 있다. 이 직장내에 사는 보람과 만족은 인생의 사는 보람에 결정적인 영향을 준다.

〈도움되는 사례 6장〉

(1) 이직을 하지 않는 이유

회사를 떠나지 않는 직원들은 제각기 이유가 있다. 직업의 안정성, 일과 생활의 균형유지를 중시하는 기업문화, 직무수행에 대한 회사의 인정, 유연한 근로시간, 소속감 등이 그것이다. 이러한 이유들은 나라마다 매우 다양하다. 그러나 자유롭게 이직을 하는 문화 속에서도 떠나지 않는 직원들의 주요 동기를 보면 다음과 같다.

- **조직에 대한 자부심** 사람들은 능력있고 수완이 좋은 경영진이 운영하는 회사에서 일하고 싶어한다. 그러한 경영진은 회사의 장래에 대한 뚜렷한 비전이 있고 성공할 수 있는 강한 전략을 고안해 내고 그 비전을 실현하도록 자극을 주는 사람들이다.
- **존경할 만한 관리자** 더욱 중요한 것은 부하직원과 상사와의 관계이다. 직원들은 존경할 만하고 자신을 지원해 주는 상사가 있으면 회사를 떠나려 하지 않는다.
- **공정한 보상제도** 사람들은 공정한 보상을 제공하는 회사에서 일하고 싶어한다. 임금과 복지후생 같은 유형의 보상뿐 아니라 교육, 성장, 성취 등을 얻을 수 있는 무형의 보상을 필요로 한다.
- **교류** 마음이 통하는 동료들과 일하는 것은 많은 사람들이 중요하게 여기는 또 하나의 요소이다.
- **의미있는 업무** 마지막으로 사람들은 의미있는 일을 할 수

있는 회사에 다니고 싶어한다. 만족과 활력을 주는 일은 모두를 보다 생산적으로 만든다.

(2) 이직의 이유

직원들은 여러 가지 이유로 조직을 떠난다. 그 중 가장 큰 이유는 본연적으로 회사가 보유하지 못했거나 이후 사라지게 된 몇 가지 요인 때문이다. 그 예를 보면 다음과 같다.

- **경영진의 교체** 경영자로서 자질이 떨어지거나 신뢰감을 주지 못하는 새 경영진이 경영권을 가질 경우이다.
- **직속상사와의 갈등** 상사와의 관계에서 스트레스를 받는 문제가 있는데 어쩔 수 없이 그 상사와 일해야 할 때 직원들은 이직하고 싶어한다(자세한 사항은 〈핵심은 관리자와 상사에게 있다〉 참조).
- **친하게 지내던 동료의 이직** 특별히 좋아하고 존경하던 동료가 직장을 떠나면 자신도 떠나고 싶어진다. 그에게는 동료 관계가 매우 의미있기 때문이다.
- **책임 업무의 변화** 주어진 일에 대한 의미를 부여하기 어렵고 새로운 도전적 자극을 받을 수 없는 업무를 맡았을 때 이직하고 싶어진다.

제 7 장

상사와 부하간의 인간관계

직장내에서 상사와 부하간의 원만한 인간관계는 생산적인 직장 분위기의 조성을 위하여 그리고 평생직장이라는 점에서 당사자들의 생애관리에 지대한 영향을 준다. 직장은 제2의 가정이다. 하루일과의 중요한 대부분의 시간을 보내는 곳이다.

직장을 통하여 생계유지를 위한 경제적 부상을 획득할 뿐만 아니라 상사와 부하, 또는 동료와의 경영사회를 통하여 일하는 보람, 사는 재미, 자기성장과 자아를 실현하는 삶의 장(場)인 것이다.

기업에서 중간관리자인 부장과 과장의 지위는 생산적인 직장의 풍토조성에 핵심적인 역할을 하는 위치에 있다.

상사와 부하가 갖추어야 할 기초적인 지식・기법・태도를 습득하고 상사와 부하간의 충분한 상호교류와 각자의 역할자각, 일상의 관리・감독행동 중에서 부하에 대한 지도・육성은 기업전체의 중요한 관심사에 속한다.

제 1 절 중간관리자(부 · 과장)의 직무와 특징

1. 기업규모에 따른 직무내용의 차이

부 · 과장의 직무는 첫째로 기업규모면에서 생각할 필요가 있다. 중소기업의 대다수 부 · 과장들을 보면 같은 관리직이라고 해도 대기업과는 상당히 다른 입장과 직제하에 놓여 있으며, 그들의 직무내용, 권한을 보더라도 기업체에 따라 실로 여러 가지 형태를 띠고 있다.

예를 들어 이사 대우 부장이라는 직함을 갖고 있음에도 불구하고 일개 평사원과 별로 다를 바가 없이 아무런 권한도 없는 경우를 흔히 볼 수 있는데, 부장이 이 정도이므로, 차장, 과장 등은 훨씬 보잘것없는 존재가 되고 만다.

중소기업에서 바람직한 부 · 과장에 대하여 논하고자 한다면 직제상의 문제를 해결하는 것이 순서일 것이다. 왜냐하면 그렇지 않을 경우 부 · 과장 공통의 관리직무에 관해 언급해도, 그것이 마치 남의 일처럼 여겨지게 되기 때문이다.

다음으로 부 · 과장 직무의 특징으로 들 수 있는 것은 관리직무와 전문담당업무를 모두 담당하여 이들을 동시에 진행시키고 있다는 점일 것인데, 이것 또한 중소기업고유의 특수성이라고 할 수 있다.

전문담당업무란 판매활동, 기계운전업무, 경리사무처리 등의 전문업무를 뜻하는 데 회사의 특성과 직위에 따라 다소의 차이는 있겠지만 중소기업의 부·과장은 주어진 시간 동안 관리업무와 함께 이 직무도 완벽하게 처리하도록 요구받고 있다. 한마디로 상당히 힘든 역할을 부여받고 있는 것이 중소기업의 부·과장들이 처한 실태이다.

2. 무엇을 어떻게 할 것인가를 아는 것이 선결문제

부·과장들 중에는 "한정된 시간내에 전문업무와 관리업무 두 가지를 처리할 수는 없다"고 변명을 하는 사람도 있는데, 시간이 적다는 것이 담당업무를 제대로 못해 내는 이유가 될 수는 없다. 특히 관리업무에 관리에 전념할 수 있는 시간의 유무·다소는 큰 문제가 아니다.

하루종일 책상에 앉아 관리업무에 전념해도 관리자로서 실격인 사람이 있는가 하면, 매일 출장으로 잠시도 자리에 앉아 있을 틈이 없는 상태에서도 훌륭하게 자신의 업무를 관리해 나가는 사람도 있다. 중요한 것은 본인의 마음가짐과 방법론인 것이다. 한편 부·과장의 관리업무를 확실하게 추진하는 데 있어서 특히 중요한 점은 '관리자는 무엇을 해야 하는가, 어떻게 해야 하는가를 바르게 아는 것'이라고 할 수 있다.

이 경우의 '안다'는 것은 단순히 지식뿐만 아니라 처리능력까지도 포함하는데 중소기업의 부·과장이 이 점에 소홀한 경우가 많다. 특히 관리자로서 무엇을 해야 하는가를 모르고 있는 사람이 있는가 하면 개중에는 무엇을 해야 하는가를 알면서도 게을러서 하지 않는 사람도 있다.

또한 관리업무를 싫어하고 전문업무를 좋아하는 사람은 자기의 기호에 따라 일을 처리함으로써 관리업무를 등한시하게 되는 경우가 있으므로 조심해야 한다.

이러한 사람들은 자신이 맡은 전문업무만 하고 부·과 전체의 업무나 부하들을 전혀 돌보지 않아 관리자로서 실격하게 된다.

제 2 절 업무별 중점처리 사항

1. 소관업무의 관리방법

(1) 계획·예정의 준수

업무의 운영처리에서 가장 중요한 점은 계획성이므로, 모든 소관업무에 대하여 우선 계획·예정을 철저하게 세워야 한다. 다음은 고생하며 세운 계획·예정이 그대로 확실하게 실행되어야만 의미가 있으므로 관계자들에게 그 내용을 바르게 이해시키고 반드시 달성토록 해야 한다.

(2) 진행상황의 파악과 관리

부·과장은 전체·개별 소관업무에 대하여 무엇이, 어떻게, 어디까지 되어 있는가 등을 지속적으로 정확하게 파악하고 있어야 한다. 현황파악의 방법으로는 보고를 받거나 자료를 본다거나 직접 눈으로 인식하는 등 여러 가지 방법이 있으므로 그 중에서 가장 적절한 방법을 선택하면 된다.

(3) 집무 및 작업방법관리

이는 회사의 정해진 집무기준, 규정, 작업방법에 따라 관계자들이 제대로 능률적으로 집무·작업하고 있는지의 여부를 관리하는 것으로 이것을 소홀히 하게 되면 다른 모든 것이 엉망이 되고 만다. 부·과장 중에는 자기가 선두에 나서서 규정을 깨는 사람이 있는데 이는 관리자로서 자격이 결여된 언어도단인 행위이다.

(4) 실적검토와 대책

실적의 표시는 가능한 한 수치로 나타내야 하며, 특히 이익에 관해서는 될 수 있는 대로 그렇게 해야 한다. 예를 들어 판촉신규개척의 경우 하루에 몇 가구를 방문했느냐보다는 몇 건을 했고 얼마만한 매출과 이익을 달성했는지 등의 수치실적이 중요한 것이다.

실적은 일, 주, 월간뿐 아니라 누계도 내야 하며 계획·예정과 실적의 대비시 차이가 있을 경우 그 원인을 정확히 분석하여 대책을 강구해야 한다.

1) 계획·예정의 수정·변경 방법

계획이나 예정은 한번 세웠으면 자주 변경하지 않는 것이 좋은데 특히 하향수정일 경우 그렇다. 물론 좋은 결과를 가져오는 수정(매출·이익의 증가 등)은 빈도가 잦아도 상관없으나 현실적으로는 드문 일이고, 또한 그 수정이 대부분 하향수정이기 때문이다.

수정·변경의 시기는 통상적으로 6개월이나, 3개월을 단위로 한다. 그것도 이 시간내에 목표와 실적과의 차가 너무 크고, 그것을 만회한다는 것이 불가항력에 가까운 상황변화가 생겼을 경우에 한해 수정 · 변경을 하게 된다. 물론 이런 경우도 안이하게 상황에 타협할 것이 아니라 어디까지나 노력목표의 여지는 남겨둘 필요가 있다.

계획 · 예정은 이를 수립할 때나 수정할 때나 그 계획시설자들이 가능한 많이 참여하는 것이 바람직하다. 상사인 부 · 과장이 일방적으로 결정하고 "무슨 일이 있어도 이대로 하라"는 식도 없지는 않으나, 이런 방법으로는 웬만한 실력을 소유한 관리자가 아닌 이상 충분한 협력을 기대할 수 없다.

반면에 전원의 협력과 전체의 뜻에 의해 세워진 계획이나 예정, 또는 수정 · 변경의 취지와 근거를 충분히 이해하고 납득한 경우는 모든 사람이 책임을 갖고 대처하여 준다. 이러한 의견일치(consensus)를 만들어 내는 것이 부 · 과장이 해야 할 일 중의 하나인 것이다.

2) 결재 · 승인방법

① 규정(rule)의 제정

부하에게 권한을 위양하는 것은 매우 좋은 일이지만, 부 · 과장이 의사결정을 하지 않으면 안 되는 안건은 꼭 있다(이것이 없다면 부 · 과장의 존재는 불필요). 그러나 여기서 중요한 것은 부 · 과내의 권한 · 책임의 범위를 정하고, 결재 · 승인의 절차를 제도화하는 것이다.

우선 분명하게 규정(rule)을 정해 놓아야 한다. 간혹 그때 그때의 기분에 따라 일을 처리하는 사람이 있는데 비슷한 조건에 대하여 어떤 때는 "그런 일을 자네가 판단해서 하라"고 하고, 또 어떤 때는 "왜 자네 마음대로 처리했느냐"며 역정을 내는 사람이 이에 해당된다. 이런 애매모호한 상황하에서 부하는 결코 만족스럽게 일을 처리할 수 없는 것이다.

② 신속 · 정확한 의사결정

부 · 과장의 의사결정은 항상 적절하고 또 시기를 놓치지 않아야 한다. 의사결정의 적절함이란 결국 부 · 과장의 적성이나 능력에 결부되는 것으로, 자기계발을 게을리하지 말고, 소관업무에 대하여 진지하게 대처하며, 모든 문제에 대해 올바른 판단력과 처리능력을 갖추고 있지 않으면 적절한 의사결정을 할 수 없게 된다.

다음으로 중요한 것이 시기이다. 우유부단하거나 지나치게 신중해서 결정시기를 놓치면 큰일이다. 이는 기회의 손실을 초래할 뿐 아니라, 부하들의 사기를 저하시키고 상사에 대한 신뢰감을 잃게 하는 커다란, 마이너스 작용을 하게 된다. 또 의사결정한 내용에 대해서 부 · 과장은 어떤 결과가 초래되든 끝까지 책임을 져야 한다.

2. 부하에 대한 관계

(1) 명령계통의 통일

조직활동에서 명령계통이 어지러운 것만큼 곤란한 문제는 없다. 그러므로 명확하게 정해서 관계자들에게 철저히 주지시킬 필요가 있다. 부 · 과내의 명령계통은 부 · 과장대리, 직무대리, 차장 등 많은 직제가 있을 경우 복잡해지기 쉬우나 일단 정해진 명령계통은 부 · 과장 스스로가 엄격하게 지켜야 한다. 가령 불가피한 이유로 계장을 뛰어 넘어 평사원에게 직접 지시를 내렸을 경우, 사후에 이를 꼭 계장에게 전해 준다는 배려가 바람직하다.

(2) 지시 · 명령 내용의 정확함

지시 · 명령은 그 대상자에게 신속 · 정확하게 이해되어야 한다는 것이 그 핵심이다. 따라서 상대가 이해하기 어려운 난해한 내용(어원 · 표현방법도 포함)이어서는 안되겠다. 또 그 말의 내용이 지시인지, 요망인지, 잔소리인지, 감상인지 상대방이 이해하기 난해한 것이어서도 안 된다.

(3) 사후관리

지시 · 명령을 내리기만 한 채 그대로 두어서는 안 된다. 반드시 경과와 결과에 대하여 보고시켜야 하는데, 특히 중요한 내용일수록 보고는 더욱 중요해진다. 또 명령을 받은 자로부터 보고가 없을 경우에는, 이쪽에서 먼저 보고를 요구하고 처리내용을 점검해 보아야 한다. 그러기 위해서는 지시자도 자기가 지시한 내용을 잊어버리지 않도록 지시메모를 해 둘 필요가 있다.

(4) 부하입장 이해와 인정

자신도 한때는 부하였던 것을 기억하고 실수나 잘못을 너무 심하게 나무라지 않도록 한다. 이제 시작하는 사회생활에 잘 적응하도록 배려해야 한다.

(5) 자기변화 시도

과거의 업무 스타일을 고집하여 조직을 비능률적으로 끌고가서는 안 된다. 상사 스스로가 항상 변화하는 모습을 보이는 게 중요하다.

(6) 새로운 업무 방식 장려

젊은층들은 새로운 아이디어가 항상 많다. "그냥 하던 대로 하라"는 식의 업무방식은 창의성을 아예 처음부터 막아 버리므로, 처음에는 다소 불합리하고 미숙하더라도 항상 새로운 업무방식을 이들에게 장려함으로써 발전이 있을 것이라고 본다.

3. 부하의 대(對) 상사관계

(1) 상사의 생각과 방침 파악하여 교감하는 능력

대 상사관계를 원활히 처리하기 위해서는 자기 상사의 생각과 방침을 정확히 알아둘 필요가 있다. 그러나 부 · 과장 중에는 너무나도 당연한 일임에도 불구하고 전혀 관심을 갖지 않는 사람이 적지 않다.

개중에는 "상사가 아무 이야기도 하지 않기 때문에 모른다"라며 상사의 탓으로 돌리는 사람도 있는데 이는 잘못된 생각이다. 이야기를 안 해주면 이 쪽에서 물어서 확인해 두어야 한다. 한마디로 상 · 하와의 의사소통(communication)은 조직운영의 요점인 것이다.

(2) 상사로부터의 명령과 보고

부 · 과장은 부하와의 사이에 명령과 보고체계를 유지하듯이 상사와의 관계에 있어서도 명령을 받고 보고하는 활동을 해야 하는데 이는 매우 중요하다고 할 수 있다.

또 부 · 과장은 자신이 상사로부터의 지시 · 명령을 적절하게 받아들여 정해진 제도에 따라 정확하게 보고를 하고 있느냐 않느냐는 그대로 본인과 부하와의 관계로 이어진다. 부·과장이 솔선수범하면 부하도 스스로 이를 본받아 상사인 부·과장을 대하게 되는 것이다.

예를 들어 구두보고의 경우, 상사가 결론부터 먼저 보고하면 부하도 자연스럽게 그 방법을 본받아 결론부터 보고하게 된다.

(3) 상사에의 의견품신

상사에게 자기의 의견이나 소견을 표명하는 것을 주저해서는 안 된다. 해야 할 말은 서슴없이 하는 것이 좋으나 그 내용은 어디까지나 건설적으로 논리적이어야 한다.

또 자기 의견이나 안을 채택받기 위해서는 끈기가 있어야 한다. 쉽게 포기하지 말고, 기회를 엿보아 몇 번이라도 말해 보아야 한다.

(4) 상사도 인간임을 이해

상사도 감정이 상할 때도 있고 실수나 잘못을 저지를 수도 있다. 그들도 인간임으로 너무 몰아세우지 않도록 조심할 필요가 있다.

(5) 업무 스타일의 차이점 인정

사람마다 생각이 다르니 나와 상사와의 일에 대한 접근방식이나 해결방법은 분명히 다를 수 있고 이는 당연한 것이다. 서로 협의를 통해 중간점을 찾는 것을 게을리해서는 안 된다.

(6) 상사의 단점 커버

누구나 단점은 있다. 상사의 단점을 들추어 내봤자 팀이나 조직에 도움이 되지는 않는다. 사소한 단점은 커버해 주는 아량도 필요하다고 할 수 있다. 그렇게 해서 상사와 보다 긴밀한 협조관계를 유지해서 본인의 직장생활에 도움이 되도록 하는 것이 중요하다 하겠다.

제 3 절 미래 관리자의 조건

지금부터 관리자가 되려는 사람은 90년대에는 다른 시점에서 상황을 판단하고 상황에 적응하는 리더십을 발휘하여 기업의 안정적 성장의 담당자로서 견인차가 될 것이 요청된다.

이를 위하여 관리자는 솔선수범하여 먼저 생애설계계획을 세우고 그 계획에 따라 자기개발에 몰두하는 것이 중요하다. 그러나 이 자기계발계획을 세우는데 있어서 주의할 것은 그 토대가 되고 전제가 되는 인생관과 건전한 가정생활의 확립이다.

물질문명이 발달한 오늘의 세태 속에서 우리는 풍요로운 생활을 유지하기 바라지만 그것만이 목표는 아닐 것이다. 사람은 누구나 부를 소유하고, 지위를 획득하고, 권력을 언제까지나 유지하고자 하는 욕망을 가지지만 이 역시 정년까지의 회사생활의 기간에 한정된다. 지금 여기서 이제부터 나는 어떠한 길을 가고자 하는가, 무엇을 목표로 살아갈 것인가, 무엇에의 삶의 보람을 얻을 것인가를 자문해 보면 어떻겠는가? 그리고 다음은 원만한 가족관계의 유지이다. 집안일이 어수선하여서는 남자가 밖에서 훌륭한 일을 할 수가 없을 것이다.

이 토대 위에서 비로소 자기계발계획을 세울 수가 있지만 우선은 업무능력의 향상이다. 그것은 첫째, 업무의 전문가로서 전문적 영역의 심화, 둘째, 관리의 전문가로서 관리능력의 향상 그리고 집단을 통솔하는 리더십 능력이 향상된다. 이것에 대해서 자기의 장점을 더욱 신장시키고 단점을 계획적으로 보강하는 계획을 작성하여 실시하고 정기적으로 체크한다.

그러나 이것만으로는 획일적인 회사와 인간의 범위를 벗어나지 못한다. 이제부터의 비즈니스맨은 회사인 이외에 사회인으로서 개성적이고 폭넓은 인격형성이 요구되는 것이다. 어제보다는 오늘, 오늘보다는 내일이 나을 것이라는 강한 확신을 가지고 장기적인 생애설계계획, 자기계발계획에 도전해 보아야 할 것이다.

1. 미래의 관리자에게 요구되는 능력

(1) 상황변화 대응능력

상황변화에 따른 대응이 필요하다. 하나의 패턴뿐만 아니라 여러 개의 패턴을 갖는 것과 의식적으로 골라 쓰는 것이 필요하다.

(2) 남과 다르게 하는 창조력

항상 신선한 감각을 갖는 것이 필요하다. 10년이 하루같이 변화가 없으면 발전이 있을 수 없다. 자기를 창출하는 노력이 긴요하다.

(3) 문제해결능력

지시된 대로만 하고 있으면 예기치 못한 변화에 직면하게 된다. 이것에 대처하기 위해서는 문제해결 능력이 중요하게 된다.

(4) 커뮤니케이션

국제적으로는 말할 것도 없고 국내적으로도 사람과 사람의 교류가 활발해져야 한다.

(5) 시장을 예측할 수 있는 능력

넓은 시야를 가지고 장래를 내다보는 능력은 단순한 지식만이 아니고 경험이 더 중요하다.

2. 자기관리의 원칙

(1) 인생의 목표를 가질 것

장래의 꿈을 갖지 않는 사람은 가끔 좌절한다. Hope is the last thing that dies in man(희망은 인간으로부터 없어지는 최후의 것이다). 어떤 곤경에 빠지더라도 희망을 계속 갖는 사람은 아름답다.

(2) 신뢰할 수 있는 친구를 많이 가질 것

부모에 말 못할 일도 친구에게 말할 수 있는 것이 적지 않다. 예로부터 무엇인가 큰 업적을 남긴 사람들은 좋은 벗을 많이 가진 복받은 사람들이다.

(3) 항상 좋은 책을 가까이 하여 자기의 신조를 확립할 것

하루에 2시간씩이면 1년에는 2×365＝730시간, 10년이면, 7,300시간, 이만큼 책을 읽으면 다른 사람보다도 무엇인가 한두 가지를 더 가진 사람이 된다. 게다가 자기의 신조를 확립하면 무서운 것을 모르는 사람이 될 것이다.

(4) 초조해하지 말고 기본적인 것을 몸에 익힐 것

사회나 회사에서 얼핏 하찮은 일로 보이는 업무에도 대단히 많은 것이 포함되어 있다. 스포츠의 경우를 예로 들면 유도에서도 기본적인 낙법을 철저히 하면 다치지 않을 뿐 아니라 다리나 허리도 단련시킬 수 있다.

(5) 더 좋은 방법이 없는가를 항상 생각하라

불편하다, 싫다고 생각한 일 중에서도 개선할 수 있는 많은 아이디어를 창출해 낼 수 있다.

IBM은 Think(생각하라)의 한 단어로 오늘날의 거대함을 구축했다 해도 과언이 아니다.

3. 성공을 습관화하는 방법

[슬럼프 탈출법]

버나드(H. Bernard)가 발견한 "성공이라는 것은 습관성을 갖는 것이다"라고 한 법칙에 기초한 것이다(성공 20개 법칙이라 부르기도 한다).

생각하고 고민에 지쳐 좋은 생각이 떠오르지 않을 때에는 자신에게 가장 적합한 길을 선택하는 것이 성공의 지름길이다.

① 우선 자기가 성공했다고 생각하는 사례 20개를 열거한다.
- 자기가 주관적으로 그렇게 생각하고 있는 것이어도 좋다. 다른 사람의 평가에 개의치 말고 생각하는 대로 적을 것.
- 20개 이상의 사례가 있으면 그것도 좋다.

· 업무와 관련될 필요는 없다. 어렸을 때의 체험이라도 좋고 클럽활동이라도 좋다. 장난이든가 놀이 등 하여튼 잘 되었다고 하는 만족을 얻은 것이면 그것도 좋다.

② 상기 사례 중에서 성공의 원인이 되었던 것은 무엇이었는가 공통된 요인을 찾아내 본다.

· 계획성이 있었다든가 연구력이 뛰어났었다든가

③ 친구 · 선배 · 카운슬러 등과 의논하여 잠재된 능력을 찾아내도록 해 본다.

· 자기가 흥미를 가지고 있는 것만이 뛰어난 것이 아니라는 것을 알 수 있다.

· 상사와 의논해 보면 상사가 자기를 이해할 수도 있게 된다.

④ 여러 번 되풀이함으로써 새롭게 자신의 내면 깊숙이 뛰어난 점을 발견할 수 있다.

· 사례 열거를 한 번만 할 것이 아니라 조금 시간을 두고 전에 쓴 것을 보지 않고 새로 써 본다.

· 기존의 것과 대비하여 본다.

· 새로운 발견을 할 수 있다.

자기계발시트

〈성공사례〉 태어나서부터 지금까지 어떠한 일이든지 좋은 결실을 맺었다고 생각되는 것	왜 잘 되었는가 요인을 포착한다	능력을 신장시키기 위한 포인트	자기계발계획
1			제 1 단계
2			
3			
4			
5			
6			제 2 단계
7			
8			
9			
10			
11			제 3 단계
12			
13			
14			
15			
16			
17			
18			
19			
20			

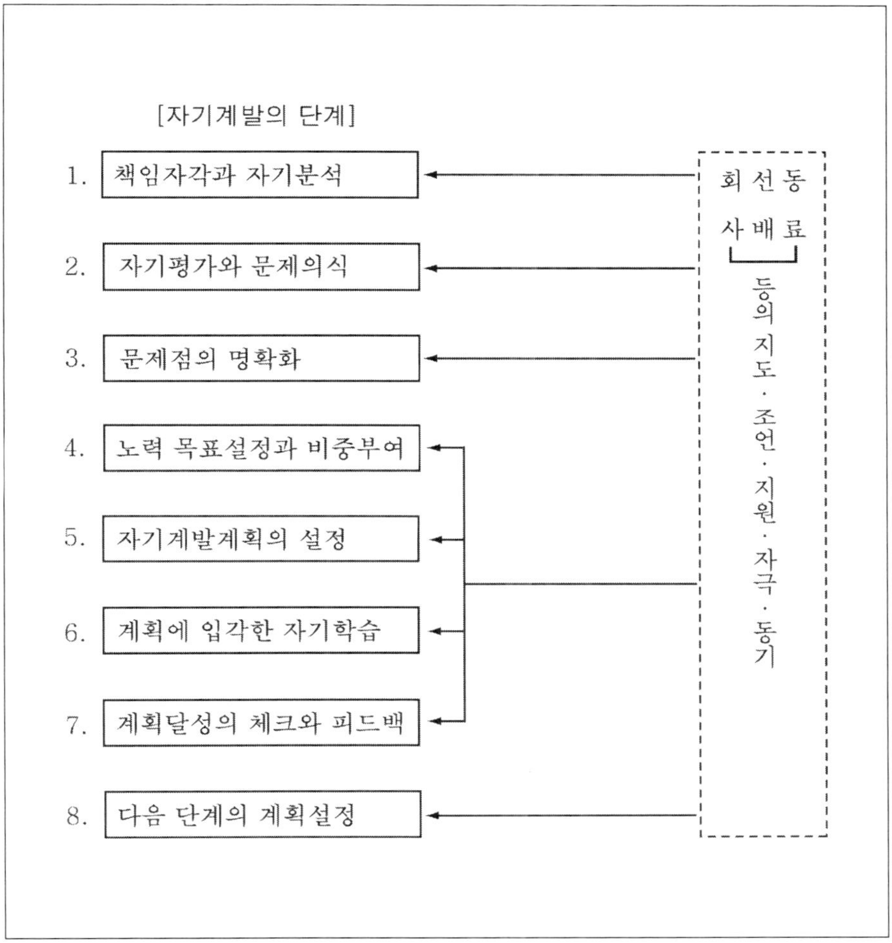
[자기계발의 단계]
1. 책임자각과 자기분석
2. 자기평가와 문제의식
3. 문제점의 명확화
4. 노력 목표설정과 비중부여
5. 자기계발계획의 설정
6. 계획에 입각한 자기학습
7. 계획달성의 체크와 피드백
8. 다음 단계의 계획설정
회사 선배 동료
등의 지도·조언·지원·자극·동기

〈도움되는 사례 7장〉

(1) 중간관리자의 기능

민츠버그의 경영전략은 본질적으로 이 접근 방법은 경영자가 실제로 수행하는 활동을 관찰하고 경영자의 역할, 즉 관리적 역할(Manageral Role)이 무엇인가를 결정하고자 하는 것이다.

민츠버그 관점에서 중간관리자는 역할은 많이 줄거나 변화하게 될 것입니다. 이유는 중간관리층의 축소로 인한 결제라인의 단축, 간접 부서들의 통폐합을 통한 신축적인 관리, 계층의 축소로 인한 신속한 의사결정 권한과 책임의 하향 위임 및 정보 공유 등으로 기업이 유연한 조직을 구축할 수 있게 됩니다. 그리고 역할의 변화로 희소한 경영자원을 배분 선택하여 기업에게 경쟁우위를 창출하고 기업 내부의 한정된 자원을 이용하여 지속적인 성장, 이윤을 창출하기 위한 능력이 필요할 것이다.

(2) 정보화시대 중간관리자 7계명

1. 스스로 조직을 창조하라.

정보화에 따라 사내 계층간에 격차가 줄어들어 조직이 평면화되고 권한이 줄어든다. 스스로 설득력있는 프로젝트를 기획하고 능력있는 스태프를 모아 실적을 쌓아라. 그 속에서 새로운 조직과 권한이 생긴다.

2. 업무과정을 혁신하라.

정보시스템의 도입이 정보혁신의 전부는 아니다. 시스템을 도입해도 정보의 입수나 취사 선택, 전달체계 등 업무과정이 바꾸지 않으면 정보의 홍수가 생긴다. 정보시스템의 도입은 젊은 사원들에게 맡기고 업무과정을 혁신하라.

3. 지식공유를 촉진하라.

정보는 단순한 데이터에 불과하다. 젊은 후배들과 정보공유에 만족하지 말고 중간관리자로서 풍부한 경험을 활용, 살아 있는 지식을 전하라. 인터넷에서 정보탐색에 급급하기보다 지식전달과 공유에 힘쓰라.

4. 전자커뮤니티를 만들어라.

조직을 초월한 프로젝트가 늘어 부문간 협력이 필수적이다. 따라서 소수멤버끼리의 인맥 만들기만으로는 협동에 한계가 있다. 불특정 다수에게 노하우를 얻어내고 공감을 이끌어내려면 전자커뮤니티를 활용하라.

5. 프로듀서십(producership)을 발휘하라.

프로젝트별 조직이 늘어나면 단순한 리더십만으로는 부족하다. 부하 사원을 통솔, 관리하기보다는 부하 사원들과 함께 장래 비전을 만들고 자발적으로 행동 선택을 하도록 만드는 프로듀서의 역할이 필요하다.

6. 의사결정과 행동을 신속히 하라.

사무결재나 업무판단에 있어서의 역할은 줄어들고 위험도가 높은 기업적 결단의 역할이 요구된다. 컨센서스에 집착하면 결단이 늦어져 시기를 놓친다. 가능한 한 많은 의견을 들은 뒤 혼자서 결단하라.

7. 인재 인큐베이터(incubator)를 만들어라.

정보화로 기업환경이 급속도로 변해 과거의 사원교육으로는 인재를 키울 수 없다. 새로운 인재를 기르기 위해 정해진 교육

방법이나 교육내용도 없다. 사원 스스로 자랄 수 있는 환경을 만들어라.

출처 : 한경비즈니스, 제279호

(3) 임원되기 지름길 10계명

과연 어떤 사람들이 임원이 될까? 바늘구멍 같은 임원되기 관문을 뛰어넘어 이제 CEO로 가는 길을 열심히 걸어가고 있는 한국의 대표임원 200명이 생각하는 '임원되기의 지름길 10계명'에 대한 설문조사 결과를 자세히 살펴본다.

▶**리더십**= 리더십은 여러 가지 내용으로 표현된다. 솔선수범, 투명성과 윤리성, 인재 육성, 조직원들에게 명확한 비전 제시 등등이 모두 리더십에 속한다 할 수 있다.

특히 인재 육성이 중요한 포인트다. '팀제'가 조직의 중심 제도로 자리 잡은 요즘, 대부분의 성과는 팀 단위로 집계되기 때문이다. 인재를 육성해 자신의 일을 맡기고, 자신은 좀더 상위 업무를 진행하는 게 장기적으로 아주 큰 도움이 된다. 같은 맥락에서 조직원들에게 명확한 비전을 제시해줄 수 있는 것도 중요하다. 명확한 비전 제시와 관련한 비전은 모든 조직원이 공감하는 것이어야 한다는 조건이 따른다. 이 같은 비전을 제시할 수 있기 위해서는 '업계 전반을 통찰할 수 있는 능력'이 필요하다.

▶**업무에 대한 열정**= '열정'은 무슨 일을 하든 간에 가장 중요한 요소일 수 있다. 특히 성공한 사람들이 한결같이 자신의 성공비결로 '열정'을 먼저 꼽는다는 것은 음미해 볼 만한 일이다.

▶**추진력**= 직원들이 어떤 안을 만들어 냈을 때 바로 가부를

판단해 세게 밀고 나가주거나 포기할 수 있어야 한다. 이 같은 추진력은 의사결정시 혼란을 줄이고, 업무진행 효율성을 높여줄 수 있다는 측면에서 성과와도 직결된다.

단, 상황판단을 제대로 할 줄 알아야 한다는 전제조건이 붙는다. 트렌드를 제대로 파악하지 못한다면, 이 안을 이끌고 나가는 게 옳은지 그른지를 판단할 수조차 없기 때문. 더불어 잘못된 판단을 하고 끌고 나간다면 이 또한 성공적인 업무 수행과는 거리가 멀다. 물론 무조건 앞으로 돌진하기만 하는 추진력을 얘기하는 것은 아니다.

▶뛰어난 전문 지식= 우리는 가끔 '어떻게 저런 인간이 임원이 될 수 있냐'고 한다. 그러나 기업을 이끌어가는 오너나 전문경영인의 입장을 생각해보면 좋은 인간성보다는 '뛰어난 업무 지식'을 가진 사람이 선호되는 것이 현실이다.

▶원만한 대인관계= 원만한 대인관계란 여러 가지 의미를 내포한다. 조직 상하 간, 계층 간 커뮤니케이션이 모두 포함된다. 관계부서와의 우호적인 관계 유지 역시 무시 못할 요인이다.

한편 "무조건 좋은 게 좋은 것이라는 식은 안 된다"는 지적도 있다. "잘못된 부분을 올바르게 짚어줄 수 있어야 한다. 처음엔 기분 나쁘게 받아들일 수 있지만, 결국 나를 '도움이 되는 사람'이라 생각하고 먼저 도움을 요청해오는 경우가 많았다. 이런 경험들이 모여 좋은 인간관계를 이루는 기반이 된다"

▶성실함= 언제부터인가 '성실함'이 별로 대접받지 못하는 시대가 됐다. 오히려 성실한 사람은 빠르게 변화하는 이 시대의 부적응자처럼 느껴지기 다반사다. 그러나 세상 사람들이 그 소

중함을 점차 느끼지 못하고 있음에도 '성실'은 직장생활에서 여전히 최고로 가치 있는 항목 중 하나다. 뭐니뭐니 해도 기본을 지키는 것이 제일 중요하다. 기본을 지키지 않으면서 성공하려는 것은 '밑 빠진 독에 물 붓기'와 같을는지도 모른다.

▶**폭넓은 네트워크(학연 · 지연 · 각종 사회활동 포함)**= Know-What보다 Know-Where이 중요해진 시대에 Know-Where를 제대로 해결해 주는 게 바로 폭넓은 네트워크다.

K회사는 유럽 시장 진출에 사활을 걸기로 하고 A부장과 B부장에게 유럽 시장 동향에 대한 보고서를 내라고 지시했다. K사는 그동안 동남아시아 시장에만 주력해 왔기 때문에 유럽 시장에 대한 정보가 전혀 없던 터였다. A부장과 B부장 역시 유럽에 대해 잘 모르긴 마찬가지였다. 이런 상황에서 A부장은 홀로 인터넷을 뒤지고 책을 찾아 읽고 열심히 유럽 시장 동향을 알아보기 위해 발이 부르트도록 뛰었다. 그러나 유럽 전문가를 여러 사람 알고 있던 B부장은 이들에게 도움을 요청했다. 이들로부터 전문가 시각에서 본 유럽 시장 트렌드를 들어 정리하고, K사 아이템이 유럽 시장에서 성공할 수 있으려면 어떤 식으로 접근해야 하는지에 대한 조언을 첨부했다. 과연 A부장과 B부장, 둘 중 누구의 보고서에 회사가 만족했을까.

▶**믿을 만한 사람이라는 평판**= '평판이 좋은 사람'은 바로 '믿을 만한 사람이라는 평판을 얻은 사람'을 의미한다 할 수 있겠다.

평판은 자신의 회사에서 임원이 되기 위해서도 중요하지만, 다른 회사 임원으로 스카우트되기 위해서도 필수적이다. 실제로 임원 스카우트의 주체적인 역할을 하는 헤드 헌팅사들이 가장 중시하는 것 역시 믿을 만한 사람이라는 평판이다.

▶논리적이고 설득력 있는 언변= 임원들 경력을 보면 유독 기획실, 회장실 등의 출신이 많다. 이처럼 전략, 기획분야에서 전문가로 성장한 사람들이 임원으로 될 확률이 높은 것은 바로 이들이 '논리적이고 설득력 있는 언변'을 갖췄기 때문이다.

어차피 임원 대상이 되는 인재들 능력은 다 비슷하다고 봐야 한다. 차이는 그 능력을 어떻게 밖으로 표출시켜 내는가이다. 그럼 무엇을 통해 밖으로 표출되나? 대표적인 게 바로 '언변'이다. 이와 관련 '공식적인 자리든, 비공식적인 자리든 프레젠테이션 기술이 매우 중요하다'는 응답이 나온 것도 주목해 봐야 할 내용이다.

▶뛰어난 외국어 실력= 뛰어난 외국어 실력은 임원 되기의 필수조건이 아니다. '외국어 실력이 임원이 되고 못 되고를 좌지우지하는가'라는 질문에 100이면 100 모두 '아니다'라고 답한다. 심지어 뛰어난 외국어 실력을 자랑하는 이들마저도 "외국어 실력을 인정받아 임원이 된 것은 아니다"라며 외국어 실력과 임원 되기의 관계성을 부인한다.

그럼 왜 뛰어난 외국어 실력인가? '필요조건은 아니지만 충분조건은 된다' 정도로 얘기해 볼 수 있겠다. 꼭 갖춰야 할 자질은 아니지만, 갖춰져 있으면 플러스 요인이 됨은 물론이다.

겉으로는 '외국어 실력이 꼭 좋아야 하는 건 아니다'하면서도 스스로는 '사내 영어시험에서 최상위 등급을 받았다'고 고백한 임원이 상당수임은 돌이켜 음미해 볼 필요가 있겠다.

제 8 장

스트레스에 대한 이해

제 1 절 스트레스의 유발

사람들은 긴장을 자신의 생활에 부정적인 영향력을 갖는 것 등과 관련시켜 생각한다. 셀리(H. Selye)는 긴장을 아주 넓은 의미를 가진 것으로 다음과 같이 정의하였다.1)

긴장은 신체에 가해지는 어떤 요구가 유쾌한 것이든 아니든 신체의 모호한 반응이다. 병원의 치료용 의자에 앉을 때나, 애인과 키스를 하는 경우에도 긴장은 있게 된다. 이러한 경우에 당사자의 맥박은 뛰고, 숨은 가빠지며, 심장은 고동치게 된다. 그렇다면 세상에 사는 그 누가 단순히 긴장해 있다고 해서 이러한 후자의 즐거운 시간을 마다하겠는가? 그러므로 긴장을 전적으로 회피하

1) Hans Selye, On the Real Benefits of Eustress, *Psychology Today*, Vol. 2, No. 10 (March 1978), p. 60.

려 하는 것은 인간이 바라는 바가 아니다. 왜냐 하면 그것은 반응형태를 인식하고, 이러한 인식을 통해서 자신의 생활을 긴장에 비추어 조절하고 노력하는 것이 무엇보다 중요하기 때문이다.

인간의 사회생활의 많은 경우에 있어서 누구든지 긴장을 경험하지 않고 사는 사람은 없다. 이러한 긴장의 정도는 사람에 따라서 각각 다르며, 보통은 두 가지 형태의 인간이 있다. 하나는 항상 긴장된 상태에서 정력적으로 일이 있으면 빨리 해치우는 '경마형'의 인간이고 다른 하나는 평온하고 고요하며 차분한 환경을 좋아하여 경마형의 인간을 불안해하는 '거북이형'의 인간이다. 그러나 날마다 이렇다 할 일도 하지 않으면서 안일무사를 즐기는, 인생에 대하여 목표를 염두에 두지 않고 사는 무위도식의 인간을 우리는 가장 혐오한다.

긴장을 유발시키는 요소나 환경을 긴장인자(stressors)라 부르며, 재적응을 요구하는 정도가 위험수위에 이르면 이를 걱정이나 근심(distress)이라 하며 이러한 근심은 과중한 억눌림을 받거나 계속 반복하여 재적응이나 순응을 필요로 하는 계속적인 긴장상태에 있을 때에 나타난다. 직장인들은 근로생활 속에서 긴장인자의 누적으로 과중한 근심을 경험해 본 일이 있을 것이다. 무엇보다도 몹시 싫어하고 지겨워하며 짜증나는 업무에 종사할 때 가장 큰 근심의 원인이 된다.

우리 나라 대학생의 약 50%가 자신이 원하지 않은 대학이나 학과에서 공부하고 있다. 자신의 점수에 적중시키기 위한 대학이나 학과의 선택에 묘수를 쓰지 않으면 안 되는 상황에서 현재의 대학과 학과에 재학하고 있는 것이다. 대학의 선택보다는 본인의 적성과 소망하였던 학과에 입학하는 것이 대학생활이나 장래를 위해 바람직할 것이다. 또한 학과의 선택에 있어서도 원하는 학과의 교수진이 보다 마음에 드는 교수가 재직하고 있는 대학의 학과에 입학하는 것이 바람직할 것이다. 본인의 적성에 맞지 않고 소망하지 않았던 학문을 전공한다는 것은 불행한 일이며 평생의 정신적 근심(distress)을 자아내게 하는 일이다. 이것은 인생의 분명한 목표선정이 잘 되어 있지 않거나 부모나 또는 선생님의 욕심과 요령주의가 빚어낸 결과이다.

모든 사람은, 직장인은 자신의 목표를 확실히 해 두어야 한다. 그리고 이러한 목표가 자기 부모, 선생님, 배우자, 친구, 아니면 자기가 좋아하는 어떤 다른 사람의 목표가 아니라 바로 자기 자신의 목표임을 인식하여야 한다. 자신이 선택한 일상업무 중에서도 자신이 좋아하고, 능력을 발휘하고, 성취해 낼 수 있는, 그리고 타인에게서 인정을 받을 수 있는 것으로 생각되는 종류의 일을 만일 물색해 낼 수 있다면 얼마나 행복할 것인가? 이것은 자신이 어떠한 위치에 있든지 그 분야에서 가능한 최선의 인물이 되도록 하는 데 결정적인 요소들이 될 것이다. 그리고 최종적으로 자신이 경마형과 거북이형, 또는 그 중간의 형태 중에서 어디에 위치하는지를 결정하고 나서 이에 맞추어 생활하도록 노력해야 한다.

1. 스트레스에 대한 이해

동양인 특히, 한국인들은 스트레스가 만성적이고 매우 높게 나타난다. 이는 아마도 자기중심적인 경향이 강하고 집단논리가 흑백으로 치우치는 것이 많아 그만큼 각 분야에서의 스트레스가 더

강하게 나타난다고 볼 수 있다. 전쟁의 총탄에 죽은 사람 수보다 그로 인한 불안으로 죽은 사람이 3배나 많은 것을 보면 불안과 공포의 스트레스가 전쟁보다 무섭다는 것이다. 이러한 스트레스란 "우리의 편안함을 위협함으로써 적응능력에 긴장을 준다고 여겨지는 모든 상황"이라고 정의할 수 있으며 우리의 감정적, 행동적 측면뿐 아니라 신체적 측면에 부정적 영향을 준다는 것이다.

◆ 스트레스의 특성

1) 스트레스는 모두에게 똑같지 않다. 아주 개인적이고 주관적이다.
2) 큰 재앙이나 위기만 스트레스를 가져다 주는 것이 아니고 작은 사건과 작은 것이 모여 복합적으로 매우 큰 스트레스로 작용할 수 있다.
3) 지나치게 성취지향적이고 완벽을 추구하며 경쟁적인 인성은 보다 많은 스트레스 상황에 처한다.
4) 스트레스가 모두 나쁜 것은 아니다. 학생에게 있어서는 시험 및 취업문제는 스트레스를 유발하여 열심히 노력하게 되어 발전하게 된다.

2. 스트레스의 주요 원인[2)]

스트레스의 주요원인으로는 크게 세 가지를 생각해 볼 수 있다.

첫째는 인생에서의 목적한 바가 이뤄지지 않았을 때 발생하는 좌절 즉, 빈부격차, 부모이혼, 취직낙방, 데이트 신청거절까지도

2) 상게서, p. 308.

해당될 수 있고 둘째로는 생활에 있어서의 변화요인에 의할 수 있다. 이에 따라 다음은 생활의 변화에 대한 스트레스의 강도를 나타낸 것이다.

〈스트레스 강도〉

배우자의 사망	100	직장 책임 업무의 변화	29
이혼	73	자녀의 출가	29
부부 별거	65	인척과의 갈등	29
징역	63	두드러진 개인 실적	28
가족의 사망	63	배우자의 취직과 퇴직	26
일신상의 질병 및 부상	53	학교 입학 및 졸업	26
결혼	50	개인 습관의 수정	24
직장 해고	47	상사와의 갈등	23
부부간 조화	45	근무 시간의 변화	20
은퇴	45	근무 조건의 변화	20
건강, 가족의 변화	44	거주지 변경	20
임신	40	학교 변경	20
성 장애	39	레크리에이션 변경	19
가족 수 증가	39	사회 활동 변경	18
재정 형편의 변화	38	대출	17
친한 친구의 사망	37	취침 습관 변화	16
새로운 업무 방침의 변화	36	가족 모임 변경	15
배우자와의 갈등	35	식습관 변화	15
저당	31	휴가	13
저당권의 상실	30	사소한 법규 위반	11

마지막으로는 우리가 어떻게 행동해야 하고 얼마만큼 성취해야 한다라는 생각에 따른 압력이 해당된다. 자신의 능력이나 상황을 무시한 경우 이러한 압력은 매우 해로운 스트레스로 작용하게 된다.

3. 스트레스에 대한 반응[3)]

(1) 인지장애

스트레스 상황에서는 주의, 기억력, 사고능력 등이 떨어진다.

(2) 감정적 반응

불안, 공포, 좌절, 냉담, 무관심, 무기력 – 결국, 우울증으로 발전된다.

(3) 싸움 또는 도피반응

개와 마주친 고양이에서 나타나는 현상 : 호흡/심장박동 증가(싸움), 소화기능 저하(도피)된다.

(4) 일반적 적응증후군과 반응의 3단계

일반적 적응증후군(General Adaptation Syndrome)이란 스트레스가 사라지지 않고 오래 지속될 경우 나타나는 일련의 생리적 반응으로서 3단계 반응으로 일어난다.

스트레스의 3단계 : 경고기(혈압/체온상승, 고혈당) → 저항기 → 탈진기(위궤양동반)

3) 상게서, pp. 309-311.

4. 스트레스를 받는 강도

직업별 스트레스 수치

- 상위 3위 : 대통령(177) → 소방수(111) → 회사중역(109)
- 하위 3위 : 은행원(35) ← 유통원(34) ← 구매담당자(29)

스트레스의 강도는 일반적으로 익숙성, 통제성, 예측성에 따른다.

① 익숙여부

처음 경험, 익숙치 않은 상황 등에서 강도가 강하다(첫 데이트, 인터뷰 등).

② 통제성 여부

사건이나 상황에 통제성이 있을 경우 강도가 약하고 통제성이 없을 경우 강도가 강하다. 그리고, 통제성이 있다고 믿는 것 자체만으로도 강도가 줄어든다.

③ 예측성

갑자기 당하는 경우 스트레스 강도가 크다(해고, 암치료).

제 2 절 스트레스 극복방안

1. 인지치료법[4)]

스트레스를 받던 때의 사건, 상황, 생각, 감정 등을 기록해 두었다가 나중에 마음이 평온해졌을 때 보면서 스스로의 생활형태, 원인 등을 파악하여 해결하는 것이다.

다음의 스트레스 극복과정에 대한 대안으로써 각각의 잘못되고 비합리적인 생각에 대한 올바른 방향의 생각의 각자가 정리해 보도록 하자.

구체적인 생각	잘못된 생각	해결지향적 생각
평소 생각에 대한 검증	남들이 나를 싫어한다.	?
	남들이 나를 무시한다.	?
	나는 모든 사람으로부터 사랑을 받고 모든 일에 인정을 받아야 한다.	?
고민에 과감히 도전	나는 모든 면에서 유능하고 성공해야 한다.	?
	불행은 나에게만 일어난다.	?
	나는 무능하다.	?
	나는 실패자다.	?
스스로 제안을 제시	나는 되는 일이 없다.	?
	부서장만 보면 머리가 아프다.	?
	먼저 진급한 동기만 보면 편두통이 난다.	?

4) 상게서, p. 316표, p. 318표.

2. 이완훈련

스트레스가 심하면 : 심장박동증가, 손에 땀이 나고, 얼굴에 경련, 근육에 쥐가 난다.

이완훈련은 조용한 분위기에서 호흡운동, 근육수축운동, 심상형성연습(산책)등을 통해 근육을 이완하도록 하는 것이다.

3. 스트레스의 사전예방

이에 대한 사전예방 차원에서 다음의 네 가지 자세를 유지하도록 노력해야 하겠다.

① 자기 자신을 비판하지 않도록 한다.
② 매사를 긍정적으로 본다.
③ 편안하게 상담할 상대를 만들어 둔다.
④ 자기가 할 수 있는 것과 할 수 없는 것을 명확하게 구분한다.

〈도움되는 사례 8장〉

(1) 청어가 살아 있는 비결

다음 이야기는 토인비가 즐겨하던 것이다. 북해에서 청어잡이를 하는 어부들이 가장 크게 관심을 가지고 있는 것은 어떻게 하면 그곳에서 잡은 청어를 런던까지 살려 가지고 오는가 하는 것이었다. 어부들이 아무리 신경을 써 봐도 배가 런던에 도착해 보면 청어들은 거의 죽어 있었다.

그런데 한 어부만은 싱싱하게 청어를 산 채로 런던에 가지고 와서 짭짤한 수익을 얻는 것이었다. 동료 어부들이 그 비결을 물었지만 비밀이라며 입을 다물었다. 하지만 압력이 거세지자 입을 열지 않을 수 없었다. 그러나 그 비결은 너무나 간단했다. 청어를 잡은 통에다 메기 한 마리씩을 넣는 것이었다. 그 비결에 다른 어부들이 놀라 물었다. '그러면 메기가 청어를 잡아먹지 않소?'

그러나 어부는 이렇게 말하는 것이었다. '메기가 청어를 잡아먹는 것은 사실입니다. 하지만 메기는 오는 동안 청어를 두세 마리밖에 못 잡아 먹지요. 그러나 그 통에 있는 수백 마리의 청어들은 잡혀 먹지 않으려고 계속 도망쳐 다닙니다. 런던에 올 때까지 모든 청어들은 마치 올챙이처럼 헤엄치고 도망다니지요. 그래서 청어는 여전히 살아서 싱싱합니다. 다 살아 있거든요.'

(2) 시험불안

불안이란 인간의 정서 중에서 특히 유기체의 안녕이 위협을 받을 때 생기는 대단히 불편한 정서이다. 불안 중에서 시험불안(test anxiety)은 교육에 있어서 중요하다. 왜냐 하면 학교처럼 성취 지향적이고 시험이 많은 사회가 없기 때문이다.

시험불안이 너무 없어도 안 되지만 적당한 불안은 필요한 것으로 간주되고 있다.

여러 조사에 따르면 불안이 너무 높거나 낮은 경우 성취도가 낮지만 불안이 적절할 때 성취 정도가 가장 높다. 따라서 불안이 너무 낮은 학생에게는 시험이 중요하다는 등 불안을 약간 높여주고, 너무 높은 학생에게는 쉬운 과제를 주는 등 불안의 정도를 약간 낮춰주는 것이 효과가 있다.

(3) 미래에 대한 희망

쥐실험에 따르면 캄캄한 독 속에 갇혀 있는 쥐는 3분만이 죽었다. 그러나 한 가닥 빛을 보는 쥐들은 36시간을 견디어 냈다. 문제는 미래에 대한 우리의 희망과 그것을 이겨내고자 하는 자신감이 필요하다. 불안과 공포를 이겨내려면 미래를 보는 눈이 달라야 한다. 위험의 시기를 오히려 기회로 간주하고 미래를 긍정적으로 바라볼 때 우리는 불안으로부터 벗어날 수 있다.

제 9 장

창의성 개발의 중요성과 감성지수(EQ)

제 1 절　창의성의 정의

창의성이란 지금까지와 다른 새로운 가치 있는 것을 만들어 내는 능력으로, "조직에 있어서 본인 업무의 참된 목적을 주체적으로 받아들이고, 그것을 달성하고자 독자적인 발상에 근거하여 혁신적으로 행동하는 것"으로 정의할 수 있다.

1. 창의적 사고의 중요성

인간은 오랜 세월을 살아오면서 자연이나 환경과 싸우면서 여러 가지 경험을 쌓아 많은 지식을 축적해 왔다. 그 결과 오늘날 수많은 기술과 문명의 발전을 이룩하였는데, 그것은 인간만이 할 수 있는 창의력이 있기 때문이다. 이러한 창의력이란 이미 알고 있는 경험, 지식을 해체, 결합하여 새로운 방안을 내세우거나 처음으로 생각해 내는 사고방법을 말하는데, 이와 비슷한 말로 상상이라는 것이 있다. 상상이란 것의 정의를 살펴보면 이미 알고 있는 사실이나 생각을 바탕으로 새로운 사실이나 생각을 만드는 작용이라고 할 수 있다.

- 창의 : 이미 알고 있는 경험, 지식을 해체, 결합하여 새로운 방안을 내세우거나 처음으로 생각해 내는 사고
- 상상 : 이미 알고 있는 사실이나 생각을 바탕으로 새로운 사실이나 생각을 만드는 작용을 말한다.

구 분	공 상	창의적 상상	재생적 상상
시 간	시간을 초월	현재를 바탕으로 과거의 것을 활용	과거의 사실을 생각함
공 간	초월	초월 못함	초월
output	없음	있음	없음
형 태	비현실적 생각	예술품, 발명품	생각

2. 창의적 사고의 방해 요소

(1) 고정관념

상동형 혹은 정형화라고도 불리는 고정관념(stereotyping)은 개개인의 차이를 고려 안하고 한 집단에 속한 모든 사람들을 동일한 특징으로 규정하고 이해하려고 하는 경향을 말한다.

고정관념은 합당한 경험에 바탕을 둔 것이 아니라 소문이나 이미지에 근거를 두고 있으며, 자신의 편견이나 잘못을 정당화시키

기 위해 꾸며낸 것이다. 성, 국적, 종교, 피부색, 지방에 따라 차별적으로 인식을 하는 것은 인간관계에서 피해야 할 아주 중요한 일이다. 한 예로, 여자는 무조건 감수성이 예민하다고 생각하는 것과 서양인은 매우 합리적이라는 것, 흑인은 힘이 좋고 깨끗하지 못하다고 생각하는 것 등이다.

(2) 후광효과와 뿔효과

고정관념에 뿌리를 두고 나타나는 판단오류로서 좋은 점에 현혹되어 다른 점들을 좋게 보려는 것을 후광효과(halo effect)라 하며, 한 가지 나쁜 점에 현혹되어 다른 점들을 나쁘게 보려는 것을 뿔효과(horns effect)라 한다.

후광효과의 영향은 보통 용모가 아름다우면 능력도 뛰어나고 성격도 좋으며 장래도 밝을 것으로 생각하기 쉽다는 것이고 반대로, 뿔효과의 영향은 용모가 수준 이하이면 성격도 좋지 않으며 비전도 없을 것으로 생각한다. 신체적 매력과 선호도에 관한 연구에 따르면 사람들은 잘 생긴 사람은 통상 능력있고, 친절하고, 정직하고, 머리가 영리할 것으로 생각한다는 것이다.

외모가 잘 생긴 사람은 긴급상황에서도 다른 사람들의 도움을 더 쉽게 얻고, 청중의 의견을 변화시키는 데도 더욱 설득적이다. 연예인들의 정치권 영입이나 사기꾼들은 여자나 남자나 모두 외모가 훌륭한 것을 보면 알 수 있다.

(3) 초두효과

대부분의 사람들은 다른 사람에게 첫인상을 좋게 하려고 매우 노력한다. 우리는 처음에 본 그 사람에 대한 인상이나 들은 정보로 그 사람의 전체를 판단하게 되고 그 효과는 매우 오래가며 영향을 계속 미치게 된다. 이것이 초두효과(primary effect)이다. 이러한 효과 때문에 어떤 한 사람에 대하여 설명할 때 조심해야 되고 처음의 몇 마디에 신경을 써야 되는 것이다. 우리가 인생에서 경험해 보았듯이 한번 결정된 좋은 인상은 그 사람이 후에 부정적인 면이 보이더라도 여간해선 바뀌지 않을 정도로 이 효과의 영향력은 크다 하겠다.

(4) 논리적 오류

우리는 보통 생각하기를 어떤 사람이 사교성이 좋으면 성격이 활발하고 명랑성도 있을 것으로 판단하고 정직성이 낮으면 준법성도 낮을 것으로 판단하기 쉽다. 이처럼 논리적 오류(logical error)는 다른 두 행동특성을 비슷한 것으로 판단해서 나오는 오류이다. 이 오류의 심각성은 두 행동특성이 실제로는 그렇지도 않을 수도 있다는 것을 생각하지 않은데 있다.

(5) 대비오류

우리는 또한 한 사람에 대하여 그 사람을 있는 그대로 판단하지 않고 사실보다 과대 혹은 과소 평가하는 경향이 있다. 이것은 우리가 가지고 있는 대비오류(contrast error)에서 기인한다. 즉 자기가 가지고 있는 능력이나 특성에 대하여 상대방이 가지고 있으면 별 볼일 없이 상대를 과소평가해 버리고 자신에게 없는 능력이나 특성을 상대가 가지고 있으면 상대를 대단한 것으로 과대평가하게 된다.

(6) 귀인이론

귀인이론(attribution theory)은 인간이 가지고 있는 이기주의의 성격을 그대로 나타낸다. 어떠한 상황에 대한 원인을 파악하려 할 때 자신에게는 유리하게 판단하고 타인의 경우에는 타인에게 불리하게 판단하는 경우이다. 잘 되면 내가 잘 해서 그런 결과가 나왔다고 하고 못되면 외부환경 혹은 남의 탓으로 돌리려 한다. 또한 남의 성공은 외부 여건이 좋아서 그러한 것이고 남이 잘해서 좋은 결과를 얻은 부분은 인정하려 하지 않으려고 한다. 이것이 귀인이론이다.

3. 창의성 개발의 과정1)

(1) 문제인지 및 발견단계(Perception)

① 다른 사람들이 보지 못하는 곳에서 문제를 발견하고, 널리 인정된 타당성에 대해 의문을 제기

② 관련된 문제의 범위밖에 있는 일부 다른 근원으로부터 아이디어를 차용하며, 편견이나 관습에 구애받지 않음

③ 오래된 아이디어나 대안보다는 새로운 아이디어나 대안을 형성함으로써 문제해결을 하고자 함

(2) 잠복단계(Incubation)

개인이 문제해결을 위한 적극적인 노력을 안 하더라도 무의식 속에서도 끊임없이 노력이 이루어진다. 이 단계는 문제의 복잡성에 따라서 몇 시간으로부터 수년간 유지되기도 한다.

---

1) 박연호, 『현대인간관계론』 (박영사, 1997), pp. 225-226.

(3) 영감단계(Inspiration)

수일 혹은 수년간 잠복기를 통해 형성되어 온 아이디어가 최고로 나타나는 단계(번뜩임이 해당) - 아무 때나 나타날 수 있다.

(4) 확인단계(Verification)

아이디어를 검증하는 단계로 새로운 아이디어를 계속적으로 시험하고, 재평가하여 실제적이고 현실적인 세계와 아이디어가 조화를 이루게 되는 단계

4. 창의성 개발의 인적속성[2)]

(1) 창의적인 사람과 유지적(관리적)인 사람의 차이

유지적(custodial)	창조적(creative)
- 일상적이고 세세한 일을 선호 - 간소화와 절차에 따라 행동 - 예측가능한 성격 - 있는 그대로의 현상을 좋아함 - 성실, 공정, 우호적 - 미시지향적	- 다양성을 선호 - 사색과 추측 - 예측할 수 없는 성격 - 새로운 일에 무관심한 사람을 이해 못함 - 열정적 - 거시지향적

(2) 지능

창의력과 지능간에는 0.1 정도의 상관 관계뿐이다.

(3) 교육

교육은 창의력에 있어 절대요소는 아니나, 사회적/교육적 환경에 의한다. 즉, 억제보다는 호기심을, 답보다는 질문을 강조하는

2) 상게서, pp. 227-228, 230.

교육환경이 창의성을 성장시킨다.

(4) 연령

창의력은 연령과 무관하다.

(한 예로, 1,000가지 아이디어 발명자들의 평균연령은 75세임)

(5) 성별

무관하나, 문화적인 차이에 기인한다.

(6) 행동차이 특성

특히 창조적인 사람의 성격적 특성

타인과의 관계	직무에 대한 태도	자신에 대한 태도
- 타인과의 부조화 - 가까운 친구가 거의 없다 - 관습에 얽매이지 않는 도덕성 - 독립적인 판단력 (특히 압력하에서)	- 사람보다는 사물이나 아이디어를 선호 - 지적관심에 대한 높은 존중 - 직업안정을 강조하지 않음 - 세세한 업무나 정형화된 업무를 좋아하지 않음 - 높은 수준의 기지(책략) - 냉소적 - 고립, 난해한 문제해결 능력	- 내적 성찰 - 새로운 경험에 개방적 - 내적 성숙 - 감정적으로 안정적이지 못함 - 자발적인 모험, 강제적, 불안

5. 창의성 개발 기법

(1) 브레인스토밍(Brainstorming)

이 용어는 두뇌(brain)에 폭풍(storm)을 일으키는 두뇌폭풍을 뜻한다(브레인 스토밍을 편의상 B-S라고 약칭하여 불리어지고 있다). B-S는 1948년 미국의 매사추세츠(Massachusets) 공대 하놀드 교수의 실험에 의해 크게 성공을 거둔 것으로 지금은 창조적 개발의 기법으로 이용되고 있으며 기업은 물론 각 단체나 조직에서 그 활용도가 높아졌고 가정과 개인에게까지 적용되고 있다.

미국의 광고회사(BBDO)의 부사장 오스본(A. F. Osborn)이 창안한 이 기법은 다수인이 집단회의를 열고 참가자의 자유연쇄 작용에 의하여 연쇄반응을 일으켜 각자가 자유롭게 생각나는 아이디어를 내는 방법으로 우수한 아이디어를 문제해결책으로 채택, 사용하는 방법을 말한다. 이 방법은 자유연상법(free association)의 대표적인 기법이다.

1) 브레인 스토밍의 원칙

일반적으로 인간의 사고활동을 방해하고 있는 것으로서 인식적 장애(perceptual blocks), 문화적 장애(cultural blocks), 감정적 장애(emotional blocks)를 3대 장벽이라 부르며 이러한 인간의 정형화된 장벽을 탈피하여 다양한 사고활동으로 잠재되어 있는 아이디어를 유발시키는 인위적인 방법이므로 다음의 4대 원칙을 준수해야 한다.

① 인간의 두뇌(brain) 활동을 억제 또는 저지하지 못하도록 집단회의에서 제안한 발언은 일체 비판을 가해서는 안 된다는 비판엄금의 원칙이 철저히 지켜져야 한다.

일상생활이나 회의에서 발언을 꺼리는 이유는 자신의 발언이 비판받거나 무모하다는 평가를 두려워하기 때문이다. 누구의 발언일지라도 독자적 가치를 인정하고 수용되어야 한다. 오히려 엉뚱한 아이디어가 환영을 받고 이용도나 활용도의 각광을 받을 수 있다. 최초로 치약이 제조 발매되었을 때 튜브를 가만히 누르면 치약이 나오지 않고 튜브를 세게 누르면 터져 버려서 판매가 감소되었을 때 수많은 회의에서도 해결책을 찾지 못하였다.

느닷없이 청소부 아줌마가 비서들의 저지를 뚫고 들어가 사장과 담판을 벌렸다. 치약의 구멍을 크게 만드시오. 이 엉뚱한 제안을 듣고 실제로 구멍을 2배로 늘려보니 문제가 간단히 해결되었다. 그 날로 아줌마는 청소부를 사직하고 명예 영업부장으로 취임되었으며 급여날만 출근하게 되었다.

② 우리는 현재 세 가지 시대에 살고 있다. 첫째는 두뇌경쟁의 시대이며, 둘째는 기술혁신과 아이디어의 창출시대이며, 셋째는 정보시대에 살고 있는 것이다.

인류의 역사(文明史)는 창조적 능력의 기록이며 이는 사고와 상상력의 발휘에 기초하고 있다. 순수이론과학과 기술응용과학의 점진적 융합에 역점을 두고 있는 현대사회는 창조적 사고와 상상력을 그것의 생명의 피로 삼고 있다고 해도 과언이 아니다. 이러한 창조적 사고(水平的 思考)는 커뮤니케이션이 원활하고 사기가 높은 직장이나 건전한 발상이 잘 받아들여지는 조직에서 가능하며, 동시에 구성원들이 조직에 대한 공헌의지와 문제의식과 강한 집념을 갖고 생활할 때 가능한 것이다.

문제의식·집념·성취감·지적 호기심·탐구욕과 스릴(thrill)에 대한 흥미는 인간의 사고활동을 강력히 자극함으로써 폭풍과 같은 발언으로 사고과정을 수월하게 한다. 번개처럼 스쳐가는 아이디어가 떠오르기도 하고 문제해결의 실마리가 잡히기도 한다.

이러한 상황을 자유분방의 원칙이라 한다. 반면에 수직적 사고(비창조적 사고)는 관료적이고 침체되어 있으며 사고가 고착된 조직풍토(분위기) 또는 새로운 아이디어나 발명은 축복받은 특정인이 우연한 순간에 발생된다는 선입견을 가진 조직에서 발생한다.

논리학 · 수학 · 컴퓨터는 2차적 정보시스템이다. 물리학적 정보처리의 원칙이 지배되므로 이미 선택되고, 정리된 자료를 기초로 조작하여 결론을 유도해 내는 것이다. 그러나 새로운 아이디어를 낳기 위해 이와 같은 선택이 행해진 다음이라면 이미 시기가 늦어져 버리고 마는 것이다. 그러나 창조적 사고방법은 1차적 단계의 정보를 직접 취급하므로 생물학적 정보처리의 원칙이 지배된다. 여름에 벌레가 갑자기 눈으로 뛰어들어올 때 본능적으로 눈을 깜박여 닫아버리거나 자동차 클랙션 소리를 듣고 판단의 여지없이 한쪽으로 몸을 피하는 순발력과도 같은 것이다. 이 같은 새로운 사고법의 역사는 오래 전으로 거슬러 올라가 이스라엘의 솔로몬왕 시대에도 이미 사용되고 있었다. 틀에 박힌 기존의 낡은 사고방식을 타파하고 전혀 새로운 각도에서 관찰하는 것을 말한다. 우리 나라의 시험제도는 초등학교에서 고3까지 사지선다형의 문제를 12년간 다루게 되면서 문제의 함정에 걸려들지 않기 위하여 촉각을 곤두세우고 맞는 답이나 틀린 답을 찍어 골라내는 두뇌개발에만 전력하므로 주관성이나 창조성이 마비되고 개인주의, 이기주의, 배타주의가 되어 버려 정규 학교교육은 일반적으로 수평적 사고를 길러주기는커녕 기존의 교육방식의 굴레에 얽매여 오히려 이를 억압하고 있다. 그리고 현실의 난문제에 나약성을 드러낸다. 인간의 두뇌의 기능은 논리적, 수직적 사고 쪽으로 기울기 쉬운 것이므로 여기에 수평적(창조적)사고의 필요성이 더욱 절실하게 되는 것이다.

새로운 아이디어는 기획 · 연구 · 개발업무에 종사하고 있는 기업인, 언론인, 과학기술 예술은 물론 정치라는 큰 기구로부터 개인의 행복에 이르기까지 광범위하게 자극을 주는 것이다.

③ 무리하게 탁월하고 양질의 아이디어를 창출하려 한다면 오히려 두뇌전반에 걸쳐 압박감 또는 흥분요인으로 인하여 창의성이 저하된다. 따라서 조금씩 양적으로 많은 아이디어가 생산되면 두뇌전체의 활동수준이 높아지는 것이다. 따라서 단편적 비논리적인 아이디어라도 양적인 증가는 환영한다는 원칙을 '질보다 양의 치중원칙'이라 한다.

④ 앞에서 말한 세 가지 원칙은 아이디어를 백화점처럼 산만하게 늘어놓은 제시에 그쳤다고 한다면 여기에서는 그 아이디어에 취사선택을 하여 결합, 개선하는 과정을 통해 종합 정리하여 완숙한 아이디어로 정착시키는 단계이다. 타인의 제안에 대하여 비판엄금의 원칙을 준수하되 타인의 제안에 부가하거나 타인과 자신의 제안을 절충, 결합한 제안을 하거나 타인의 말을 잘 경청하고 그 내용에서 힌트(hint)를 얻어 연쇄반응을 일으켜 아이디어를 발전시키는 데 편승하는 것이다. 이와 같은 것을 결합과 개선원칙(모방허용의 원칙)이라 한다.

2) 브레인 스토밍의 교육적 기능

① 인간관계의 원활화

자유로운 발언 제안 건의를 통해 우호적인 인간관계와 목표지향적인 협동체계를 확립할 수 있다.

② 적극적 태도확립

자기개념(self concept)이 확립되고 자신감과 적극적 태도를 확립시킨다.

③ 동기부여

토론과정에서 개인의 무한한 잠재력과 창의력을 터득하는 기회가 된다.

④ 창의적 태도배양

독선적인 사고방식을 버리고 경청자세에서 힌트를 얻어 창의성이 개발된다.

⑤ 진취적 태도배양

새로운 지식, 경험, 태도를 배양하여 자신을 진취적으로 자극시킨다.

3) 브레인 스토밍의 절차

① 문제설정

회의 일주일전 회의 목적의 명확화, 주제, 시간, 장소를 통지, 적극참여를 유도한다.

② 인원구성

5-15명의 소집단(small group)을 조직하고 리더와 서기의 역할을 강조한다. 학교집단에서는 교사, 학부형, 사회인, 학생, 전문가를 고르게 참여시키면 좋다.

③ 문제제시와 원칙의 강조

리더가 재차 회의 목적과 핵심강조, 문제의식과 참여의식을 유발시키며 브레인 스토밍의 4대원칙을 준수하도록 강조한다.

④ 아이디어의 낭독

회의에서 취급된 사항은 서기가 모두 기술하였다가 순서대로 낭독해 주어야 한다.

⑤ 정리 및 활용

제안된 아이디어 전체를 분류하고 선발, 심사하는 작업으로

심사위원은 2-3명 정도의 전문가 또는 그 직위의 간부들이 해당된다.

(2) 고든(W. J. Gordon)법

고든법이란 고든(W. J. Gordon)이 자기 회사의 개발부를 위하여 고안한 창의성 개발법으로서 위의 브레인스토밍과 마찬가지로 집단회의를 통하여 그 절차도 비슷하지만 다음과 같은 몇 가지 점에서 상이하다.

① 브레인스토밍이 가능한 한 많고 유용한 아이디어를 얻으려고 한 점에서 질보다는 양을 추구하는 것인 반면, 고든법은 이와 달리 양보다 질을 추구한다.

② 브레인스토밍에서는 집단리더가 어떤 한 문제를 제시하였지만, 고든법에서는 집단리더 혼자서만 주제를 알고 그 집단에는 제시하지 않고 장시간(주로 3-4시간) 동안 문제해결의 방안을 마음대로 이야기하게 하는 것이다.

6. 수평적(창조적) 사고와 수직적 사고

많은 사람들이 이제까지 머리를 사용하는 오직 한 가지 방법으로 논리적 사고, 분석적 사고 등에서 볼 수 있는 '수직적 사고'를 취해왔다.

'수직적 사고'는 뚜렷하고 확실한 방향만을 따라서 오르락 내리락하면서 직진한다. 이는 ― 기술에 의해 훈련을 하고 있는 것인지도 모르지만 ― 자기 확대를 하는 방식이다.

그러나 여기에 전혀 다른 사고법이 있다. 한 곳에 구덩이를 파들어 가기 시작하면 다른 곳에 또 다른 구덩이를 팔 수는 없게 된다. '수직적 사고'는 어느 장소든지 불문하지 않고 구덩이를 파 본다는 사고 방법이다.

다시 말하자면 수평적 사고는 일정한 방향으로만 향하는 패턴을 떠나서 다른 몇 개의 패턴으로 이동할 것을 요구한다. 두뇌의 기능은 언제나 수직적 사고 쪽으로 기울기 쉬운 것으로 여기에 수평적 사고의 필요성이 더욱 절실하게 되는 것이다.

그렇지만 수평적 사고는 수직적 사고에 대체하는 것이 아니고 오히려 그것을 보충해 주는 것이라는 것을 잊어서는 안 된다. 즉 양자는 동전의 앞뒤와 같은 것이어서 서로가 연관관계에 있는 것이다. 수평적 사고가 새로운 아이디어를 낳고, 수직적 사고가 그것을 발전시키는 것이다.

즉 무엇보다도 중요하고 이러한 사고에서 요구되는 수평적 사고와 수직적 사고와의 차이점은 수직적 사고에서는 논리가 두뇌를 조정하고 있는 반면에 수평적 사고에 있어서는 논리가 두뇌의 지배를 받고 있다는 점이라는 것이다.

〈수평적 사고의 한 예〉

오래 전의 일로서, 남에게 돈을 빌려 쓰고 그 빚을 갚지 못할 경우에는 형을 살아야만 했던 때의 일인데, 런던의 한 상인이 불운을 맞아 어느 고리대금업자로부터 거액의 돈을 빌려 쓰고 갚지를 못해 고통을 당하고 있었다.

늙고 흉악하게 생긴 고리대금업자는 그 상인의 예쁘고 아름다운 딸에게 눈독을 들이고 있었으므로 빚 대신 그의 딸을 자기에게 주면 빚을 청산해 주겠다는 흥정을 제안했다.

상인과 그의 딸은 이런 제의를 받고 모두 질겁을 하게 되었다. 그런데 이 교활한 노인은 다시 신의 뜻으로 결정하는 방법을 택하자는 제의를 해 왔다. 신의 뜻으로 결정짓는 방법이란, 그의 돈지갑 속에 흰 조약돌 하나와 검은 조약돌 하나를 넣어 두고 상인의 딸이 그 중에서 하나를 집어내되, 그녀가 검은 조약돌을 집어낼 경우에는 노인의 아내가 되는 반면에 빚을 갚지 않아도 되며, 만일 그녀가 흰 조약돌을 집어낼 경우에는 아버지와 함께 살도록 해 주는 것은 물론 빚도 갚은 것으로 해 주겠다는 것이었다. 그러나 만약 그러한 이 교활한 노인의 제의를 모두 거절하게 되면 그녀의 아버지가 감옥에 들어가게 되는 것은 물론, 그녀 또한 달아날 길이 없는, 막다른 길목에 서게 되는 것이다.

상인은 한참을 망설인 끝에 하는 수없이 이 제의에 동의할 수밖에 없었다.

그러자 이 노인은 그들이 이런 이야기를 하면서 서 있었던 상인의 집 정원, 조약돌이 깔려 있는 오솔길에서 조약돌 두 개를 집어 돈지갑에 넣었다.

이 때 그녀는 불안에 떨고 있었으면서도 노인이 검은 조약돌 두 개만을 집어서 돈지갑에 넣는 것을 예리한 눈초리로 언뜻보게 되었다.

그런데 이 엉큼한 노인은 돌을 지갑에 집어넣자마자 그 딸과 아버지의 운명을 결정짓게 될 조약돌을 골라내라고 재촉하였다.

이런 상황에서 당신이 상인집 정원의 오솔길에 서 있다고 상상해 보라.

당신이 이 불행한 소녀의 처지였다면 어떻게 했겠는가?

또, 당신이 만일 이 소녀에게 조언을 해야 할 경우라면 소녀에게 어떻게 하라고 충고하겠는가?

이 문제를 해결하기 위해 당신은 어떤 종류의 사고법을 사용하겠는가? 만일 해결책이 있다면, 주의깊게 논리적인 분석으로 그 문제를 해결할 수 있다고 생각할지도 모른다.

이런 형태의 사고는 직선적인 수직적 사고라고 할 수 있다. 그러나, 이와 다른 형태의 수평적 사고가 있다. 수직적 사고에 의한 방식은 이런 경우 소녀에게 별로 도움이 되지 못한다.

수직적 사고를 하는 사람들의 대부분이 문제를 해결하기 위한 방법으로 다음의 세 가지 가능을 제시할 것이다.

첫째, 소녀가 노인의 제의를 거절하는 방법

둘째, 소녀가 돈지갑 속에 있는 두 개의 검은 돌을 끄집어 내 보임으로써 노인의 속임수를 폭로하는 방법

셋째, 소녀가 아버지를 감옥에 보내지 않기 위하여 검은 조약돌 하나를 집어내어 자신을 희생하는 방법

이러한 방법들은 소녀에게는 전혀 도움이 되지 못한다.

왜냐하면, 만일 소녀가 조약돌을 집어내는 것을 거절한다면 그녀의 아버지는 형을 살아야만 될 불행한 신세가 될 것이고, 조약돌을 집어내게 될 경우에는 그 추악한 노인과 결혼을 해야만 되기 때문이다.

이 이야기는 수직적 사고와 수평적 사고의 차이점을 단적으로 보여주고 있다.

수직적 사고를 하는 사람은 이 소녀가 조약돌 하나를 집어내야 한다는 사실에만 고심하게 된다. 반면에 수평적 사고를 하는 사람은 돈지갑 속에 남게 될 조약돌에 관심을 갖게 된다.

수직적 사고를 하는 사람은 어떤 상황을 가장 합리적으로 관찰한 다음에, 그 상황을 논리적으로 주의깊게 해결하려는데 비해, 수평적 사고를 하는 사람은 가장 손쉬운 방법을 받아들인 다음,

거기서부터 해결해 나가는 것이 아니라 사태를 다른 각도로부터 조명해 나가 전혀 다른 방법들을 탐구하려는 경향을 보인다.

이때 소녀는 손을 돈지갑에 넣어 조약돌 하나를 끄집어내어 보이지도 않고 그것을 오솔길의 땅바닥에 떨어뜨려 다른 조약돌에 섞여 찾을 수 없게 만들었다.

그리고는 "어머나! 제가 실수를 저질렀군요. 그렇지만 염려 마세요. 돈지갑 속에 남아 있는 조약돌의 색깔을 보면 제가 지금 떨어뜨린 조약돌의 색깔을 알 수가 있을 테니까요"라고 말함으로써 감쪽같이 이 같은 극한 상황을 모면할 수가 있었다.

물론 돈지갑 속에 남아 있는 조약돌은 검은 색이었을 테니까, 소녀가 집어내어 떨어뜨린 조약돌은 흰색이 되는 셈이다. 노인도 감히 자기가 저지른 속임수를 이야기하지는 못할 것이다.

이와 같이 상인의 딸은 수평적 사고를 이용해서 헤어날 수 없는 것처럼 보였던 상황으로부터 매우 유리한 상황으로 입장을 전환시킬 수가 있었다.

만일 그 노인이 이야기한 대로 흰 조약돌 하나와 검은 조약돌 하나를 정직하게 돈지갑 속에 넣었을 경우의 확률보다도 훨씬 유리하게 된 것이다. 만일 그랬었다면 그런 상황에서 헤어날 수 있는 확률은 단지 50% 밖에 안 되었을 테니까.

그 소녀는 이와 같은 꾀로 아버지와 함께 살 수 있게 되었고 약속대로 빚도 갚은 셈이 되었다.

수평적 사고는 이와 같이 문제의 해결을 위해서만 유용한 것이 아니라, 사물을 다른 각도에서 본다든가 새로운 아이디어를 창출해 내는 경우와도 깊은 관련이 있다.

제 2 절　감성지수(Emotional Quotient)

IQ가 이성적, 논리적 사고를 대변한다면 EQ는 감성적 측면을 대변한다.

오늘날 성공의 요소 중 IQ 비중은 20%, 나머지 80%는 감성지수가 차지한다.

심리학자인 샐로비(P. Saloby)에 의해 정의된 감성지능지수(EIQ : Emotional Intelligence Quotient)는 인간관계에 있어 오늘날 매우 중요한 개념이다.

* 감성지능(EI)의 정의 : 자신의 감정을 이해하고, 남들의 감정을 공감하고, 그 감정들을 통제하는 능력이다.

* 복합지능(Multiple Intelligence)의 정의

감성지능에서 더욱 발전된 개념으로 심리학자인 가드너(H. Gardner)에 의해 제시된 것으로 "언어, 논리와 수리, 음악적 개념, 공간개념, 운동감각, 자신의 감정 이해력, 타인의 감정이해력" 등 7가지를 종합한 지능이다.

이 중 언어, 논리와 수리는 IQ기능에 해당되고, 자신과 남의 감정 이해력이 EQ에 해당된다.

1. 감성지수 이해의 필요성

낙제생이던 아인슈타인이 노벨상을 받고, 2류 배우였던 레이건이 미국의 대통령이 되었고, 보험설계사 중 감성지수가 높은 자

가 실적도 뛰어나며, "당신은 매우 피곤합니까?"라는 질문에 내가 휴식을 취하지 못해서라기보다는 "그동안 너무 바빴기 때문"이라는 긍정적 생각을 하는 사람이 감성지수가 높다 등의 실생활에서의 감성지수의 이해 필요성이 여러 분야로 점점 확대되고 있는 추세이기 때문에 중요시해야 된다.

특히, 절대적인 분야가 정치인들이다.- 우리나라 대통령선거, 클린턴 재선이 대표적인 예.

2. 그 외 EQ관련 지수들

* 영성지수(SQ : Spiritual Quotient) : 종교에서의 EQ를 일컫는 말로 종교분야에서도 중요시한다.
* 도덕성지수(MQ : Moral Quotient) : 정신의학자 콜스(R. Coles)의 이론으로 특히, 아동기의 도덕심 형성과정을 중요시했다. 이의 정의로는 다음과 같다. "다른 사람과 어떻게 잘 지내며 올바르게 처신하는 법을 배우고 보고들은 바를 가슴 속에 새김으로써 성장하는 것으로 궁극적으로는 **친절한 인간형**을 만드는 데 목적이 있다." 이에는 3단계 도덕심 형성 과정이 있다.
  - 1단계 : 유아기 - 부모로부터 성인의 가치관이 일방적으로 주입되는 시기(예/아니오를 배우고, 다른 사람을 의식하는 법을 배운다).
  - 2단계 : 초등학교 시기 - 양심의 시기라고도 하며, 도덕적 인간이 되는 가장 중요한 시기이다(모든 것에 '왜'라는 문제를 갖는다).

- 3단계 : 청소년기 - 자의식이 강화되면서 외로움을 견디며 세상을 살아가는 문제에 부딪힌다('어떻게 살아야 하는가'가 중요문제인 시기).

위의 3단계에서 도덕심이 어느 정도로 길러지느냐는 것은 어머니의 노력이 결정적인 요소라 하겠다.

* 사회성지수(SQ : Social Quotient) : "사회의 적응능력"을 나타내는 지수다.
* 카리스마지수(CQ : Charisma Quotient) : "다른 사람에 대한 흡인력과 공동체내의 신뢰감, 지도력을 포괄적으로 나타내는 지수"(의견이 다를 때 절충보다는 '틀렸어'라고 하는 사람이 높은 CQ를 나타낸다).

3. 감성지수가 높은 사람들의 특성

1) 남에 대한 배려와 동기부여

감성지수가 높은 사람일수록 인간미(남을 더 배려하는 것)가 있고 대신, 마음의 상처도 더 받는다.

2) 참을성

당장의 눈 앞의 유혹을 참아내는 사람이 그렇지 않은 사람보다도 독립적이고 모험심이 강하고 조화력이 뛰어나다. 결국, 참을성이 있는 사람이 자기감정을 잘 조절하여 감성지수가 높다.

3) 낙천성

낙천적인 사람일수록 감성이 높고 실의로부터 회복력이 빠르다.

4) 남의 장점 보기와 긍정적 사고

아울러, EQ형 인간은 많은 수의 친구를 사귀기보다는 질적으로 긴밀한 인간관계를 유지하는 것을 선호한다.

5) 창조성

EQ가 높을수록 더 창조적인 생각을 가질 확률이 많다.

4. 감성지수와 감성경영

경영에 있어 이성을 중시하면 하드웨어적 경영이고, 감성경영은 감성을 중시하는 소프트웨어적 경영이다. 오늘날 경영자는 소프트웨어적 경영을 중시해야 한다.

정보혁명시대에는 대량생산 체제시대와는 달리, 틀에 박힌 사고보다는 감성이 더욱 요구되고 있다. 그러므로, 경영자에게 있어 중요한 것은 감성을 지닌 인물을 최대한 발굴하는 것이다.

5. 기업내의 4종류의 인재

(1) 인재(人在)—기업의 '재고품'의 역할(무용(無用)한 인재)

• 특징

① 상사의 지시나 조언이 없으면 일을 못하는 인재

② 정해진 시간과 장소에 국한하여 생각하고 일하며 소정의 보수를 받는 것 이외에는 별다른 관심이 없는 소극적, 부정적, 수동적 인재

③ 무위(無爲)·수동·보수·부정·미온적 인재

(2) 인재(人材)—3M 중 '재료'의 역할(평상시의 유용한 인재)

3M＝Manpower(人力) Money(資本) Materials(材料)

• 특징

① 적극적 · 능동적 특징을 가진, 긍정적이며 자진해서 자주적으로 생각하고 일하는 인재

② 정직하고 충실하여 안심하고 일을 맡길 수 있는 인재

③ 자신을 가지고 헌신적으로 일하는 인재

④ 어떠한 희생이라도 감수해 가면서 맡겨진 소임을 완수하고야 마는 인재

(3) 인재(人財)—'인적자원'(簿外資産)의 역할(비상시의 창조적 인재)

• 특징

① 적극적 · 이지적 특성에 부가하여 정열적 · 창조적 · 사업적 기질을 가진 인재

② 사업에 대하여 도전적이며 위험부담을 안고 '계산된 모험'을 감행하는 경향이 있는 인재

③ 명확한 목표의 설정과 생산적인 실현 방안을 구사하여 실적을 산출하고 정당한 평가를 기대하는 인재(실적주의의 사고방식을 가진 인재)

④ 생각과 계획을 실천하기 위해 '행동의 장'을 찾아다니는 인재

⑤ 자기의 담당분야에서 '프로'가 되기를 원하고 부단한 자기개발과 전문지 탐독, 각종 세미나 참석 등 자신을 보강하는 일에 몰두하는 인재=직업인으로서 항상 최고의 상태에 자신을 두고자 노력하는 인재

(4) 인재(人災)—기업의 부채의 역할(백해무익한 인재)

• 특징

① 무능하고 매사에 불평불만을 일삼는 존재

② 협동생활의 원리를 이탈하여 비협조 · 무관심 · 방관하는 독선적인 인재

③ 기업에 대한 관심보다는 자신의 영달과 사리에 집착하여 업무수행은 적당주의 · 요령주의 방식으로, 인간관계는 사대주의적인 기회주의방식으로 처세하는 인재

[도표 9-1] 기업내의 4가지 인재

종 류	역 할	특 징		
1人在	기업의 재고품	소극적 인간	부정적 인간	수동적 인간
2人材	3M 중 재료(평상시)	적극적 인간	긍정적 인간	능동적 인간
3人財	인적자원, 부외자산(비상시)	창조적 인간	정열적 인간	사업적 인간
4人災	기업의 부채	백해무익한 인간		

〈도움되는 사례 9장〉

(1) 감성지수 테스트문항

아래에 대답에서 '항상'이면 4, '대체적으로'면 3, '간혹'이면 2, '드물게면' 1, '전혀'면 0이다. *단, 3, 4, 6, 10번의 경우 배점이 거꾸로 된다.*

(1) 자신이 아주 민감한 감정변화까지 파악할 수 있다.

(2) 인생의 중대한 결정을 내릴 때 감정을 이용한다.

(3) 나쁜 분위기에 압도당한다.

(4) 화가 나면 노발대발하거나 말없이 씩씩거린다.

(5) 눈 앞의 희열을 얻기보다 목표달성을 위해서는 그 희열을 유보할 수 있다.

(6) 시험이나 공개토론 등을 준비하는 데 어려움을 겪는다.

(7) 실망스런 일과 맞닥뜨려도 포기하지 않고 희망을 버리지 않는다.

(8) 다른 사람의 감정을 이야기하지 않아도 그 사람의 감정을 잘 감지할 수 있다.

(9) 다른 사람의 감정을 파악하게 되면 그 사람에게 동조적이게 된다.

(10) 대인관계에서 갈등을 처리하는 데 어려움을 느낀다.

(11) 조직이 은근히 내세우는 요구사항을 쉽게 느낄 수 있다.

(12) 비참한 감정을 느껴도 불필요한 행동을 억제할 수 있다.

(2) EQ관련 설문조사

다음에서 당신의 행동에 가장 근접하는 항목을 고르라.
(한 문제당 20점이고, 80점 이상이면 EQ가 높다고 보고, 40점 이하이면 EQ가 낮다고 봄.)

1. 당신의 딸을 데리고 몇몇 이웃 아이들과 함께 놀이터에 갔다. 갑자기 한 아이가 울기 시작했는데 다른 아이들이 그 아이와 함께 놀려 하지 않기 때문이었다.
   1) 간섭하지 않는다. 아이들끼리 해결해야 한다.
   2) 어떻게 하면 다른 아이들이 그 아이와 함께 놀아줄까 하고 우는 아이와 함께 골똘히 생각한다.
   3) 그 아이에게 울지 말라고 친절하게 얘기한다.
   4) 장난감을 가지고 우는 아이의 마음을 다른 곳으로 돌린다.

2. 당신은 좋은 성적을 기대했던 중간시험을 망쳤다.
   1) 다음 번 시험에서 성적을 올리기 위해 학습계획을 세운다.
   2) 앞으로 더 열심히 노력하려고 결심한다.
   3) 스스로에게 그 과목의 성적은 그렇게 중요하지 않다고 말하며, 그 대신 성적이 더 잘 나온 과목에 집중한다.
   4) 교수와 면담하고 성적을 다시 한 번 생각해 달라고 부탁한다.

3. 당신은 전화판매원이다. 그런데 당신이 접촉했던 15명의 고객이 당신의 전화에 퇴짜를 놓았다.
   1) 오늘은 포기하고 내일은 운이 좋아질 것이라고 기대

한다.

2) 성공하지 못한 원인이 무엇인가 생각한다.
3) 다음에 전화할 때는 다른 방식으로 시도하고, 그렇게 빨리 포기해서는 안 된다고 자신을 타이른다.
4) 이것이 당신에게 옳은 직업인지 스스로에게 물어본다.

4. 자동차를 운전하던 당신의 여자친구는 바로 앞으로 끼어드는 다른 자동차 때문에 몹시 흥분해 있다. 그녀를 달래기 위해 당신은 어떻게 행동할 것인가?

1) 잊어버리라고 말한다.
2) 그녀의 마음을 돌리기 위해 그녀가 좋아하는 카세트 테이프를 꽂는다.
3) 그녀와의 연대감을 나타내기 위해 그녀의 욕설에 동조한다.
4) 당신도 최근 비슷한 경험을 한 일이 있는데 알고보니 그 차가 구급차였다고 얘기해 준다.

5. 당신과 당신 파트너 사이에 싸움이 벌어졌다. 둘은 매우 흥분한 상태이고 사실이 아닌 비난으로 서로를 공격한다.

1) 20분간 휴식을 제의하고, 그 뒤에 토론을 계속한다.
2) 싸움을 중지하고 더 이상 아무 말도 하지 않는다.
3) 유감스럽다고 말하고 상대방에게 용서를 청한다.
4) 잠시 숙고한 뒤 당신이 할 수 있는 범위에서 당신의 관점을 설명한다.

제 10 장

21세기 자기관리를 위한 전략

제 1 절 스티븐 코비 박사의 원칙 중심의 삶

1. 개인적 원칙
   - ·주도적
   - ·목표수립
   - ·소중한 것부터 먼저
2. 대인관계 원칙
   - ·상호이익 추구
   - ·공감적 경청
   - ·시너지 활용

3. 성숙한 인간의 원칙

· 심신 단련

→ 원칙 준수의 효과 : ◦ 자신감의 향상
◦ 인간관계의 개선
◦ 영향력의 증가
◦ 행복한 삶

스티븐 코비 박사의 연구에 의하면[1] 1940년 이후 지금까지 55년간의 성공적인 사람은 외적 성격(personality)이 좋고 처세술이 능한 사람으로서의 특성을 가졌다.

• 새로운 차원의 사고

◦ 내면으로부터 변하여 외부로 향하는 사고

◦ 자신으로부터 시작

◦ 자기 자신에 대한 '개인의 승리'가 다른 사람들과의 관계인 '대인관계의 승리'를 앞선다고 본다.

제 2 절 7가지 습관

[습관 1] 주도적이 되라(개인 비전의 원칙)

1. 전통적 사회적 패러다임 : 버려야 할 '결정론적' 인간관

① 유전적 결정론 : 유전인자(DNA)의 영향(선천적 성격)

② 심리적 결정론 : 어린시절의 경험(후천적 성격)

③ 환경적 결정론 : 상사, 배우자, 경제여건, 국가정책(환경)

---

1) S. Covey 저, 『성공하는 사람들의 7가지 습관』 (김영사, 1994). (*The 7 Habits of Highly Effective People, 1989*)

[이론] 파블로프의 고전적 조건화 실험 : 개와 종과 침 흘림-스키너의 강화이론
: Stimulus(자극) → Response(반응) → Consequences(결과)

2. 지녀야 할 '주도론적 모형' : 결정론이 아닌 자유의지의 중요성

선택의 자유

자극 ↓ 반응

자아의식/상상력/양심/독립의지

3. 결정론적인 말과 주도론적인 말의 비교

결정론적인 말	주도론적인 말
· 더 이상 할 수 있는 방법은 없다	· 자, 대안을 찾아보자
· 이게 내가 할 수 있는 모두야	· 나는 다른 방법을 선택해 보지
· 그 사람이 늘 나를 화나게 해	· 내가 내 감정을 조절해야지
· 그 사람이 허락하지 않을텐데	· 내가 설득해 볼 수 있을 거야
· 나는 그 일 아니면 못해	· 내가 적절한 방안을 선택하지
· 나는 그렇게 못해	· 내가 선택해 볼께
· 그렇게 안 하려고 그만 둬라	· 나는 그렇게 하고 싶다
· 만일 할 수만 있다면	· 내가 해 보겠다

4. 주도적 행동 : 솔선수범, 책임의식, 긍정적, 적극적 확장적 특성

[습관 2] 목표확립 후 행동하라[개인 리더십의 원칙]

1. 자신이 가는 목적지를 정확히 이해하고 출발한다.

자신의 최후 순간에 갖고 싶은 이미, 모습, 그리고 패러다임을 매사를 검토하는 기준 틀과 표준으로 삼아라.

2. 모든 것은 두 번 창조된다(1. 마음속 2. 실제).
   - 목수들의 규칙 : 한 번 자르기 위해 두 번을 재라.
   - 옷을 만들려면 디자인을 한 다음 바느질을 한다.
   - 연설을 하기 전에 원고를 작성한다.
   - 자녀 키우기도 마찬가지로 어떤 아이로 키우겠다는 목표가 있어야 한다.
3. 리더십과 관리능력
   - 리더십 : What to do? → 첫번째 창조, Effectiveness(효과성)
   - 관리 : How to do? → 두번째 창조, Efficiency(효율성)
4. 자신에 대한 재각본화 : 자신에 대한 첫번째 창조자가 되어야 한다.

나의 행동과 태도의 원천이 되는 패러다임이 내가 진실로 가치 있다고 생각하는 것과 일치되도록 하며,

→ 올바른 원칙들에 전혀 위배되지 않도록 각본을 다시 쓰는 것(재각본화)을 의미한다.

→ 자기 사명선언서의 작성

(자신의 인생철학 및 신조의 작성 : 개인헌법)

5. 종합적 사고를 하자
   - 왼쪽 뇌는 논리적 및 언어적 기능(어휘, 부분과 세부, 분석)
   - 오른쪽 뇌는 직관적이고 창의적 기능(화면, 전체 및 부분간의 관계, 종합) → 오른쪽 뇌를 개발하자(첫번째 창조).

[방법]

- 시각을 넓혀라
  - 25주년 은혼식이나 50주년의 금혼식을 상상하라.

· 자기자신의 장례식을 그려 보라.
· 자기자신의 추도사를 써보라.

• 상상하고 다짐하라
· 자신이 설정한 비전과 가치관을 지켜 나가라.
· 자기가 가장 소중하게 생각하는 것과 일치되는 삶을 지속적으로 살아나가라.

[습관 3] 중요한 것부터 먼저 하라(개인 관리의 원칙)

1. 독립의지의 힘

· 두번째 창조(효율적 관리)
: 효율적 관리란 소중한 것을 먼저 하는 것

· 싫은 일이라도 소중한 일이라면 먼저 행하라. 싫어하는 일을 수행하려면 분명한 목적과 사명(제 2 습관)이 필요하다.

· 소중한 일에는 열렬히 찬동하고 다른 것들을 거절할 수 있는 용기가 필요하다.

2. 시간관리의 모형 — 우선순위의 원칙

	긴급함	긴급하지 않음
중요함	〈1 상한〉 · 위기 · 급박한 문제 · 기간이 정해진 프로젝트	〈2 상한〉 · 예방, 생산능력 활동 · 인간관계 구축 · 새로운 기회 발굴 · 중장기 계획, 오락
중요하지 않음	〈3 상한〉 · 잠깐의 급한 질문, 일부 전화 · 하찮은 우편물 및 보고서 · 비효율적 회의 · 눈 앞의 급박한 상황	〈4 상한〉 · 하찮은 일 · 쓸데없는 우편물/전화 · 시간 낭비거리 · 과도한 쾌락 활동

3. 시간관리의 유형

• 위기관리자, 문제해결사, 납기달성 전문가 : 1 상한에서 활동

-2, 3상한의 일은 거의 하지 않음

-자기 시간의 90%는 1상한에, 나머지 10%는 4상한에 투입

[결과] 스트레스, 심신피로, 위기관리, 문제수습에만 매달림

• 실제로는 3상한 일을 하면서도 1상한 일을 한다고 믿는 사람

-타인의 기대와 우선순위에 부응하는 사람

[결과] 단기성과 위주, 위기관리, 평판-경박한 성격, 목표와 계획을 무시 : 피해의식, 자제력 부족, 피상적 인간관계

• 3, 4상한 일만을 하는 사람

-근본적으로 책임감이 없는 사람

[결과] 완전한 무책임, 직장에서 파면, 의식주를 타인이나 봉사기관에 의존

• 성공적인 사람은 3, 4상한에의 시간투입을 삼간다.

-대신 여유가 있으면 2상한에 시간을 투입한다.

-2상한에 여유시간을 투입하게 되면 1상한 활동이 준다.

→2상한은 효과적인 자기관리의 심장부이다.

→2상한을 위한 시간은 3, 4상한에서 끌어올 수밖에 없다 (못한다라고 말할 수 있는 용기가 필요).

-우선순위 결정 능력

-우선순위에 따라 준비하고 계획하는 능력

-우선순위의 실행계획을 수행하는 실천력과 자제력

[결과] 비전, 멀리 내다봄, 균형, 규율, 자제, 위기의 극소화

[습관 4] 상호이익의 추구(대인관계 리더십의 원칙)

1. 인간관계의 6가지 패러다임

나/상대방

- 승/승, 승/패, 승/?
- 패/패, 패/승
- 무거래

2. 어떤 것이 최적안인가?

• 대답은 주어진 실제 상황에 따라 다르다.

• 승/승(win/win)의 대안은 항상 활용할 수 있는 유일한 것 : 승/승의 관리자 훈련

-I am OK, You are OK(어린이, 부모, 어른)

-메네지리얼 그리드

-상위 목표의 설정

3. 승/승적 사고의 다섯 차원

• 성품

-언행일치 : 자신과 타인에 대한 약속으로 신뢰의 기반

-성숙도 : 다른 사람의 감정과 신념을 배려하면서 자신의 감정과 신념을 용기있게 표현(용기와 배려간의 균형)

-풍요의 심리 : non-zero sum game(비경쟁적 관계)

• 인간관계

-감정은행 계좌가 가득 차야 — 상호신뢰

-형식상 합의는 이를 뒷받침하는 성품이나 인간관계 없이는 소용이 없다(예 : 준법 투쟁).

• 합의

-이행합의, 협력합의

-기대성과, 실행지침, 가용자원, 성과확인, 상벌결과

-승/승의 관리자 훈련

-승/승의 이행합의

• 시스템

-승/승에 맞도록 강화하는 제도가 필요

-제도 : 훈련, 기획, 커뮤니케이션, 예산, 정보, 보상

• 과정

-문제를 상대방의 관점에서 바라보라. 자기 자신보다 상대방의 욕구와 관심을 진정으로 이해하려고 애쓰고 또 그렇게 자기 감정을 표현하라.

-관련문제의 핵심적인 쟁점과 관심(입장이 아닌)을 파악

-어떤 결과가 완전히 수용가능한 해결책이 되는가를 결정

· 이같은 결과를 얻는데 가능한 새로운 선택 대안들을 규명

[습관 5] 공감적 경청(감정이입적 커뮤니케이션)

• 의사소통 : 언어적(구두 및 문서)\비언어적(신체적)

-60%는 신체언어, 30%는 소리, 10%는 내용에 의해 구두의사소통

-여기에 듣는 것을 포함(hearing vs listening) — 제2상한

-귀로만 듣는 것이 아니라 눈과 가슴으로 듣는다. 그 말이 갖는 느낌과 의미를 경청한다. 나아가 행동도 경청한다.

-왼쪽 및 오른쪽 뇌 모두를 사용한다. 즉 감지하고 직관하고 느끼자

• 공감적 경청 :

-내가 먼저 경청해서 상대방을 감정적으로 지적으로 완전히 이해하려고 노력하는 것

-다른 사람이 가진 준거틀(frame of refernece)의 내면에 들어가는 것

-사람들은 이해받기를 원한다. 그래서 공감적 경청은 감정적 계좌에 막대한 예입이 된다. 이것은 상대방에게 '심리적 공기'를 제공해 주기 때문에 상당한 치료효과도 가지고 있다.

• 공감적 경청은 시간을 필요로 한다.

-분별력을 가진 공감적 경청자는 상대방의 내면 깊숙이 일어나는 현상을 재빨리 알아차릴 수 있다.

-그리고 상대방의 실제 문제가 있는 내면 중심부에 도달할 때까지 한겹 한겹 껍질을 벗겨내는 것을 안전하게 느끼도록 수용과 이해를 보여줄 수 있다.

[습관 6] 시너지를 활용하라(생산적 협조의 원칙)

• 시너지(synergy)의 의미 : 전체가 각 부분들의 합보다 더 크다.

-협동과 신뢰의 분위기 형성(2상한의 활동)

-원칙 중심적 리더십의 본질

• 모든 자연은 시너지적이다. : 한 남자와 한 여자가 서로 힘을 합해 아기를 낳아 세 식구를 만드는 것이 바로 시너지다.

• 시너지의 본질은 차이점을 인정하는 것, 즉 그 차이점을 존중하고, 강점을 활용하고, 나아가 약점에 대해 서로 보완을 하는 데서 나온다.

• 시너지적 커뮤니케이션

-새로운 가능성, 새로운 대안, 새로운 선택 등에 대해 자신의 마음과 가슴을 열고 받아들인다.

-장애물 : 사람들은 방어적이고 보호적인 커뮤니케이션을 하

도록 훈련되어 있고, 또한 다른 사람이나 인생을 신뢰하면 안 된다는 각본에 물들어 있다.

-그 결과 엄청난 잠재력들이 매장되고 적절히 개발되지 못한다.

- 방어적(승/패 상황) → 상호존중(타협) → 시너지적(승/승 상황)

[습관 7] 심신을 단련(균형적인 자기쇄신의 원칙)

- 신체적 쇄신 :

-운동, 영양, 스트레스 관리 → 지구력, 신축성, 힘

- 영적 차원 :

-가치명료화와 몰입, 학습과 명상 → 신앙생활, 예술활동

- 정신적 차원 :

-독서, 상상, 계획수립, 저술

-독서하지 않는 사람은 문맹과 다를 바가 없다.

- 사회적/감정적 차원 :

-대인관계 → 연습을 필요로 한다.

※자기쇄신이란 원칙이며 과정이다.

→ 자기 쇄신은 계속적인 개선과 나선형의 성장을 추진할 수 있는 힘을 부여한다.

→ 2상한의 활동이 된다(그러나 적은 시간으로).

7가지 습관의 프로필

—자기 진단을 위한 평가표—

각 항목의 세부 문장을 읽고 여러분 자신의 실제 생활과 관련하여 아래의 6점 척도를 볼 때 자신이 어느 정도인지 해당 항목의 반응란에 아래 6점 척도의 숫자를 적어 넣으시오.

1. 매우 그렇지 않다. 2. 그렇지 않다. 3. 중간이다. 4. 그렇다. 5. 상당히 그렇다.
6. 항상 그렇다.

[예문 1] 다른 사람의 잠재력에 대한 믿음을 보여준다.	1	2	3	4	5	6
제 1 항목 : 1. 다른 사람들에게 친절하고 배려를 해준다. 2. 약속을 지키고 언약을 이행한다. 3. 그 자리에 없는 사람에 대해 부정적으로 이야기하지 않는다.						
제 2 항목 : 4. 인생의 다양한 측면, 즉 직장, 가족, 친구의 사이에 적절한 균형을 유지할 수 있다. 5. 임무를 수행할 때, 함께 일하는 사람들의 관심사와 필요에도 유념한다. 6. 열심히 일하지만, 심신이 피곤할 정도로까지 일하지는 않는다.						
제 3 항목 : 7. 자신의 삶을 통제하고 있다. 8. 자신의 통제권밖에 있는 일보다는 자신이 영향력을 행사할 수 있는 일에 노력을 집중한다. 9. 자신의 기분이나 행동을 다른 사람이나 환경 탓으로 돌리지 않고 자신이 책임을 진다.						
제 4 항목 : 10. 인생에서 이루고자 하는 것이 무엇인지 안다. 11. 하루하루 하는 일이 의미가 있고, 나의 인생의 전체 목표에 기여한다. 12. 이루고자 하는 것에 대한 명확한 주간 계획을 세워 매주일을 시작한다.						
제 5 항목 : 13. 자꾸 미루거나 시간낭비 등을 하지 않고 내가 만든 계획을 실천할 의지가 있다. 14. 일생에 있어서 정말로 소중한 활동이 바쁜 일상적 활동에 파묻혀 버리지 않도록 한다. 15. 위기상황에서 일해야 하는 상황을 줄이도록 미리 정리하고 준비한다.						

제 6 항목 : 16. 나 자신의 성공뿐만 아니라 다른 사람의 성공에도 관심을 기울인다. 17. 다른 사람들과 협력한다. 18. 갈등을 해결할 때 모두에게 도움이 되는 해결책을 찾으려고 한다.						
제 7 항목 : 19. 다른 사람의 느낌이나 기분에 마음을 써 준다. 20. 다른 사람의 관점이나 견해를 이해하려고 애쓴다. 21. 다른 사람이 이야기할 때 나 자신의 관점에서 뿐만 아니라 다른 사람의 관점에서도 사물을 보려고 노력한다.						
제 8 항목 : 22. 다른 사람의 통찰력을 소중히 여기고 적극적으로 도움을 구한다. 23. 새롭고 보다 우수한 해결책과 아이디어를 창의적으로 모색한다. 24. 다른 사람이 자신의 견해를 피력하도록 장려한다.						
제 9 항목 : 25. 자신의 신체적 건강과 행복을 돌본다. 26. 다른 사람들과 좋은 관계를 맺고 향상시키려고 노력한다. 27. 인생의 의미와 즐거움을 찾는데 시간을 할애한다.						

제 3 절 효과적인 7가지 습관

앞의 자기진단 평가표에 응답한 결과는 다음과 같이 스코어링한다. 9개의 각 항목별로 3문항에 대한 반응 점수를 더한다. 각 항목마다 최고 18점, 최저 3점이 나오게 된다.

여러분이 응답한 항목은 모두 9개 항목인데, 처음 두 항목은 성공적 리더십을 위한 기본원칙 2가지, 그리고 나머지 7개 항목은 7가지 습관을 가리킨다.

9개의 항목별 총점을 계산한 다음 아래 표에 순서대로 점수를 표시하는 그래프로 나타낸다. 점수가 높을수록 원칙과 7가지 습관에 근접해 있는 것이다.

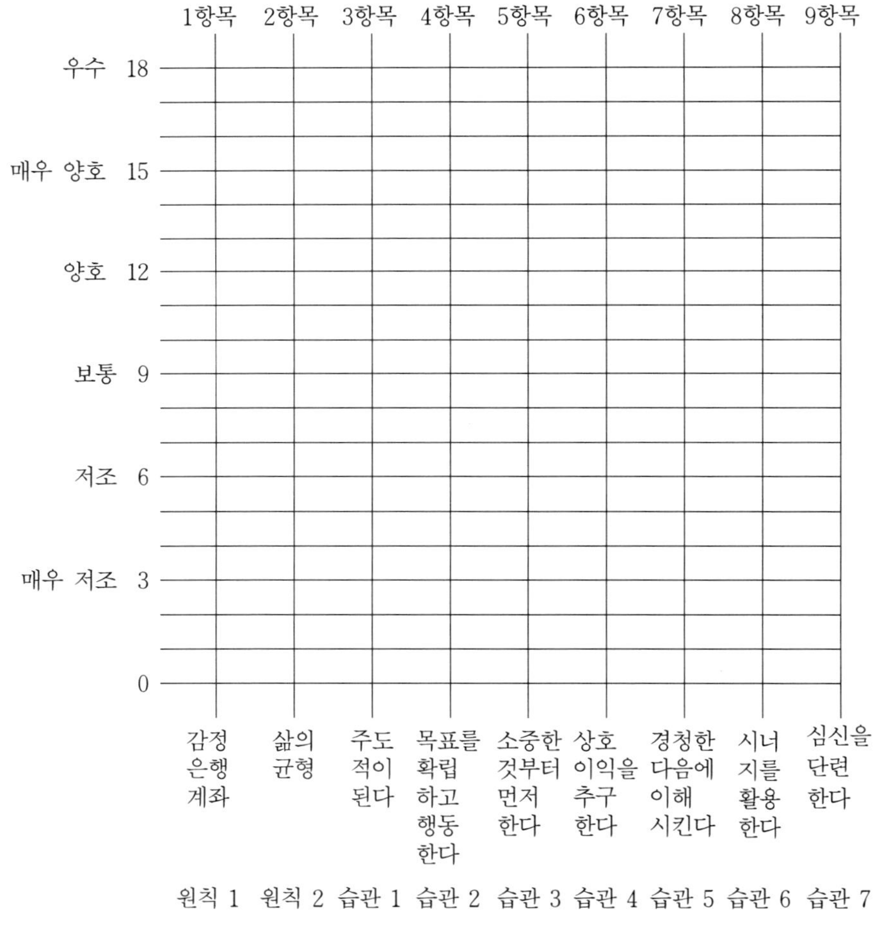

〈도움되는 사례 10장〉

(1) 여우와 포도밭

어느날, 여우 한 마리가 포도밭 주위를 서성거리며 어떻게 해서든지 그 안으로 들어가려 애쓰고 있었다. 그러나 울타리 때문에 좀처럼 숨어 들어갈 수 없었다. 궁리 끝에 여우는 3일을 굶어 몸을 홀쭉하게 뺀 후에야 가까스로 울타리 사이를 빠져 들어가는데 성공하게 되었다. 포도밭에 들어간 여우는 맛있는 포도를 실컷 따 먹었다. 그런데 다시 빠져 나오려니 도저히 배가 불러서 빠져나올 수가 없었다. 그래서 할 수 없이 다시 사흘을 굶어 몸을 홀쭉하게 한 뒤에야 빠져나갈 수 있었다. 그 때 여우가 말했다. "결국 배고픈 것은 들어갈 때나 나올 때나 마찬가지구먼." 탈무드는 이 우화를 소개하면서 이렇게 말한다. "인생도 마찬가지이다. 사람은 누구나 알몸으로 태어나 죽을 때 또한 알몸으로 죽어가게 마련이다. 사람은 죽어서 가족과 재산과 선행의 세 가지를 남긴다. 그러나 선행보다 중요한 것은 없다."(토케이어, 1988) 이 선행은 바른 인간관계에서 나타나는 것이 아닐까.

(2) 나폴레옹의 새우잠

나폴레옹이 하루 3시간 밖에 잠을 자지 않았다는 말은 거짓말이다. 그의 전기를 보면 하루에 7시간을 자고도 오후에는 깜빡깜빡 잘 졸았다고 한다. 다만 자고 싶을 때 아무데서나 잠깐잠깐 잘도 잔다는 것이 와전되어 3시간 수면설이 나돌았다는 것이다. 바로 그 새우잠이 나폴레옹을 위대하게 만든 씨앗 역할을 했다.

육군사관학교 학생시절 그의 성적은 58명 중 자그만치 42등이었다. 천재와는 거리가 멀었고 그에게 기대를 거는 사람도 없었다. 그러나 한 보조 교관이 그의 새우잠 습성을 두고 이렇게 말하곤 했다. “자네는 훌륭한 장군감이야.” 자그마한 것이지만 그를 알아준 것이 그에겐 적지 않게 위로가 되었고, 용기를 심어주었다. 그가 실망하지 않고 승승장구할 수 있었던 것은 바로 이 작은 칭찬 때문이었다.

(3) 양웅의 법언

양웅(揚雄)의 「법언」 제3권 ‘수신’에 이런 말이 있다. 어떤 사람이 묻기를 “어떻게 하면 사람이라고 말할 수 있겠습니까” 하니, 대답하기를 “네 가지 중후한 것을 몸에 취하고, 네 가지 경박한 것을 버리면 한 사람의 인물이라 할 수 있다” 하였다.

묻기를 “네 가지 중후한 것이란 무엇입니까?” 하니 대답하였다. “말씨, 행동, 용모와 태도, 좋아하는 것의 네 가지를 중후하게 하는 것이다. 말씨가 중후하면 위엄이 생기고, 좋아하는 것이 중후하면 남의 모범이 된다.”

“감히 네 가지 경박한 것에 대하여 묻겠습니다.” 하니 대답하였다. “말하는 것이 경박하면 분쟁의 원인이 되고, 행동함이 경박하면 죄를 범할 수 있고, 용모와 태도가 경박하면 치욕을 당할 우려가 있고, 애호하는 것이 경박하면 정도에 지나쳐 음란함에 빠질 우려가 있다.”

(4) 인간관계를 돕는 30가지

1. 상대방의 의견에 비판, 멸시, 불평은 하지 마세요.
2. 진솔한 이해로 다가가세요.
3. 상대방이 원하고 바라는 것에 귀 기울여 보세요.
4. 진심으로 타인에 대한 관심을 가져보세요.
5. 웃어봐요!
6. 상대방의 이름을 부르는 소리는 세상 그 어떤 것보다 듣기 좋은 소리라는 걸 기억하세요.
7. 청자가 돼보세요. 상대방이 자신에 대해 스스로 거리낌없이 말할 수 있도록 편한 분위기를 만들어 주세요.
8. 상대방의 관심사에 대한 이야기를 화제로 삼아보세요.
9. 진심어린 맘으로 상대방이 본인에게 정말 중요한 사람이라고 느끼게 해 주세요.
10. 논쟁은 되도록 피하세요!
11. 상대방의 의견에 절대로 "그건 아니야"라는 말은 하지 마세요. 상대방의 의견을 존중해 주세요.
12. 자신이 틀렸을 때는, 되도록 빨리, 분명하게 인정하세요.
13. 친근하게 다가가세요.
14. 상대방에게 "그렇지, 그렇지" 하는 반응을 이끌어 내도록 해봐요.
15. 자신보다 상대방이 더 많은 얘기를 할 수 있도록 해주세요.
16. 같이 나눈 이야기라도 상대방으로 하여금 온전한 자기 생각이라고 느끼게 해 주세요.
17. 진심어린 입장을 바꿔놓고 생각하도록 노력해 보세요.
18. 상대방의 생각이나 욕구에 감정이입을 해보세요.

19. 더 가치있는 동기에 호소해 보세요.
20. 생각을 극화해서 재밌게 풀어 나가보세요.
21. 가끔 깊은 생각을 요구하는 질문을 해보세요.
22. 어떤 말이든 칭찬과 진솔한 이해가 담긴 말로 말문을 열어 봐요.
23. 상대의 실수를 조용히, 살며시 지적해 주세요.
24. 상대의 잘못을 지적하기 전에 본인이 실수한 얘기부터 꺼내보세요.
25. 직접적인 명령투의 말보다는 우회적인 질문을 해보세요.
26. 상대방이 무안해하지 않도록 해주세요.
27. 조그만 발전에도 아낌없는 칭찬을 해주세요.
28. 상대방에게 자신감을 주는 말들을 많이 해주세요.
29. 질책보다는 격려로 다가서세요.

    상대방으로 하여금 그들의 실수나 약점이 고치기 쉬운 것이라 느끼게 해주세요.
30. 상대방이 행복해질 만한 일들을 권해 주세요.

찾아보기

[저자 소개]

• 구현서

이태리 로마, Pontificia Universita' Gregoriana 사회과학부, 개발경제학과 대학원 졸업 -개발경제학석사-

삼성전자 주식회사, 해외사업부 과장

현, 인덕대학교 비서학과 교수

[저서]

· 2009. 03. 『글로벌무역실무』. 형지사.
· 2008. 07. 『국제무역개론』. 형지사.
· 2011. 10. 『인적자원관리론』. 형지사.

사회생활과 인간관계

2018년 2월 20일 중판인쇄
2018년 2월 25일 중판발행

저 자 구 현 서
발행인 유 성 열
발행처 **형지사**
서울특별시 영등포구 신길로 40길 20
전화 (02) 833-6090~1
FAX (02) 849-0817
등록 제318-2005-000030호

파본은 바꾸어 드립니다. 값 16,000원

http : //www.chongmok.co.kr

ISBN 978-89-92938-43-3